John Wesley

Über allem die Liebe

Ein Brevier

herausgegeben von Gotthard Falk,
Robert Gebhart (†), Hartmut Handt,
Karsten W. Mohr und Helmut Robbe

Edition Ruprecht

Inh. Dr. Reinhilde Ruprecht e.K.

Für die Umschlaggestaltung wurde eine Darstellung von John Wesley aus einem Kirchenfenster der Willet Studios (Philadelphia/USA) verwendet,

Die Deutsche Nationalbibliothek verzeichnet diese Publikation in der Deutschen Nationalbibliografie; detaillierte Daten sind im Internet über http://dnb.ddb.de abrufbar.
Eine eBook-Ausgabe ist erhältlich unter DOI 10.2364/3846901434.

4., überarbeitete Auflage 2013

Satz und Layout: mm interaktiv, Dortmund
Umschlaggestaltung: klartext GmbH, Göttingen
Druck: CPI books GmbH, Ulm

ISBN: 978-3-8469-0143-4 (Paperback), 978-3-8469-0144-1 (Hardcover),
978-3-8469-0145-8 (eBook)

Inhalt

Vorwort

Die Brüder Charles (1707–1788) und John Wesley (1703–1791) gelten zu Recht als Begründer und erste Verbreiter der methodistischen Theologie und der daraus entstandenen Bewegung im England des 18. Jahrhunderts. Während John, der ältere von beiden, durch tausende von Predigten, Briefe, Tagebuchaufzeichnungen und sonstige Schriftwerke einen außerordentlich großen Wirkungsgrad ereichte, so waren es bei Charles mehr als 9.000 Gedichte, meist geistlichen Inhalts, von denen viele als Lieder bis heute ihren Weg in die Welt und in die Gesangbücher vieler Denominationen gefunden haben. Das vorliegende Buch erschließt beides: Überwiegend die Prosatextes Johns, aber auch mehrere markante Liedtexte seines Bruders.

Die Übersetzer und Herausgeber dieses Buches waren auch die Übersetzer und Herausgeber der 53 „Standard Sermons" von John Wesley, deren deutsche Fassung in den Jahren 1986 bis 1992 erschien. Aus dieser Arbeit erwuchs der Gedanke zu dem Brevier. Alle Texte wurden neu übersetzt und am originalen Wortlaut in der letztgültigen greifbaren Veröffentlichung überprüft. Dabei ging es primär aber nicht um philologische Präzision, sondern um Verständlichkeit und gute Lesbarkeit. Kürzungen und Umstellungen innerhalb der einzelnen Texte wurden aus denselben Gründen vorgenommen, jedoch nicht eigens kenntlich gemacht. Das beigefügte Register kann dazu dienen, die Verwendbarkeit über den Breviercharakter hinaus zu erweitern.

Die Abschnitte des Buches haben eine gleich bleibende Struktur: Jeder Monat wird mit einem kurzen Zitat als „Monatsspruch" eingeleitet, ihm folgt ein

Gedicht von Charles Wesley. Den Monat beschließt am letzten Tag ein Gebet John Wesleys. Die einzelnen thematischen Teile werden ebenfalls von einem kurzen Zitat, diesmal in Verbindung mit einem Bibeltext, eingeleitet. Dies erscheint uns deshalb als sachgemäß, weil John sich gern „Mann eines Buches" nannte, nämlich der Bibel – was qualitativ, nicht quantitativ verstanden werden will.

Wer das Buch aufmerksam liest, dem erschließen sich weite Horizonte eines theologisch oft unkonventionell denkenden und gesellschaftspolitisch und sozial ungewöhnlich engagiert handelnden Mannes, der unerschrocken, geistvoll und seelsorgerlich redete und wirkte. Für diejenigen, die es betend tun, wird die Lektüre nicht ohne Segen bleiben.

Die Herausgeber wählten die Form eines Breviers – wobei dieser Begriff hier in weitem Sinne gebraucht wird, denn das Buch enthält nicht nur Gebete, Lieder und spirituelle Texte, sondern auch Begebenheiten aus dem Leben Wesleys und Auszüge aus seinen Briefen. Alles kann und soll zwar der „geistlichen Erbauung" dienen, aber gleichzeitig auch ein anschauliches Bild des Mannes geben, der hier überwiegend und auf oft überraschend aktuelle Weise zu den Leserinnen und Lesern spricht: John Wesley. Robert Gebhart hat das Erscheinen der Neuauflage des Breviers, an der er noch mitgearbeitet hat, nicht mehr erlebt. Er starb am 28. November 2012. Wir widmen diese Ausgabe seinem Andenken.

Für die Herausgeber des Breviers:
Hartmut Handt
Köln, am Neujahrstag 2013

Geleitwort

Warum liebe ich dieses Wesley-Brevier? Ich liebe es, weil es mir fremd ist. Ich bin Lutheraner, kenne Luther, seine Texte und die lutherischen Traditionen. Es ist schön, in diesem Lutherhaus zu wohnen. Wer aber nur sich selbst, die eigenen Texte, Lieder und Bilder kennt, der kann auch im schönsten Haus verdummen. Nun also lese ich die Texte von John Wesley, höre die Anekdoten seines Lebens, schmecke die Grundgedanken seiner Theologie und werde in die Fremde geführt. Ich gebe den fremden Gedanken Gastrecht. Vieles finde ich schön, z.B. wie konsequent er Gnade denkt und wie bei ihm Barmherzigkeit und Gotteserkenntnis verbunden sind. Nun gut, ich könnte es auch bei meinem Luther finden. Aber hier treffe ich auf dieselben Gedanken in einer anderen Sprache und in anderen Bildern. Sprache und Bilder sind für mich noch nicht verwohnt, wie es manchmal der Fall ist, wenn man nur auf immer schon Bekanntes trifft. Die Texte sind mir in ihrer Fremdheit nicht geläufig. So brauche ich einen Anweg des Verstehens; ich brauche eine Art Advent, ehe sie sich mir erschließen. Das macht sie kostbar. Alles, was man „instant" und ohne Anwege hat, erschließt sich nicht wirklich. Nein, ich werde kein Wesleyaner über diesem Brevier. Ich erkenne aber meine eigene Tradition besser am Fremden, so wie man die Vorzüge und die Nachteile des eigenen Hauses besser versteht, wenn man gelegentlich in anderen Häusern wohnt.

Eine Lebensanweisung, eine Ermunterung, eine Warnung von Wesley kommt nun mit dem Abschnitt des Tages jeden Morgen zu mir. Ich gebe Wesley zu einer bestimmten Stunde Audienz. Ich will nicht sagen, dass der Gast mir immer passt. Manchmal habe ich zu tun und lasse ihn nur mürrisch Platz nehmen. Aber ich habe es mit mir abgemacht: Jeden Morgen darf er kommen. Ich habe ihm das Recht auf die kurze Zeit gegeben. Ich bin „Methodist" auf Zeit, wenn ich mich an meine eigene Methode und Regel halte und den Gast einlasse. Ich reinige mich von meiner Zufälligkeit, indem ich den Gast nicht nur willkommen heiße, wenn er mir willkommen ist. Er kommt, weil es seine Zeit ist, nicht weil ich gerade aufgeräumt für ihn bin. Die Regel, die ich mir gegeben habe und die dem Gast sein Recht lässt, reißt mich weg von meiner eigenen Willkür. Ich werde gereinigt, indem ich mich der Regel beuge, die ich mir gegeben habe und mit der ich das Gastrecht achte.

Der Gast ist erstaunlich rücksichtslos meinen eigenen Launen und Lagen gegenüber. Es geht mir gut, und der Gast spricht vom Kreuz, das mich trägt, wenn ich es trage. Die Trauer drückt mich nieder, und mein Gast erklärt: Ein Christ freut sich allewege. Der tägliche Gast ist sozusagen immer unpassend gekleidet. Er redet von der Freude, wo ich trauere. Er mahnt mich, wo ich gerade Lust dazu habe, meine Freiheit zu genießen. Aber ich lasse ihm seine Stimme, und dies führt mich in einen wundervollen Widerspruch. Er führt mich von mir weg, und sich von sich selbst zu verabschieden, war immer schon ein guter Weg der Freiheit.

Möge es John Wesley mit seiner täglichen und pünktlichen Weisheit in diesem Brevier gelingen, den Trostlosen etwas von der Freude zu erzählen; den Übermütigen etwas von der Demut und allen etwas von der Wahrheit seines Wortes: „Wie bewundernswert werden Vergebung und Heiligung in dem einen Wort zusammengefasst: Gnade!"

Fulbert Steffensky
Luzern, Epiphanias 2013

Das Beste von allem:
Gott ist mit uns.

*

Wir bitten dich, Herr: Geh uns in allem, was wir tun, mit dem voran, was du uns aus Gnaden eingibst, und fördere es durch deinen fortwährenden Beistand. Jedes Gebet, das wir sprechen, jedes Werk, das wir tun, soll seinen Ursprung und sein glückliches Ende in dir haben.
Amen.

Mein Mund besinge tausendfach
den Ruhm des Herrn der Welt,
der meiner Sünde Joch zerbrach,
sich gab zum Lösegeld.

O Gott, mein König und mein Herr,
hilf, dass dich preist mein Wort
und nichts als deines Namens Ehr
sucht stets an jedem Ort.

Dein Name, Jesus, heilt den Schmerz,
macht aus dem Leid ein Lied,
dringt Sündern wie Musik ins Herz,
ist Leben, Heil und Fried.

Er bricht ins Reich der Sünde ein,
setzt die Gefangnen frei,
sein Blut macht uns von Sünden rein,
die Knechtschaft ist vorbei.

Er spricht; und neues Leben schenkt
er dem, der an ihn glaubt.
Es jubelt, wen die Welt gekränkt,
der Arme hebt sein Haupt.

Ihr Tauben, hört ihn! Stumme, singt!
Ihr seid zum Lob befreit.
Seht, Blinde, den, der Heil euch bringt!
Ihr Lahmen, springt vor Freud!

Dich lobt in alle Ewigkeit
im Himmel und auch hier
dein Volk mit Heilgen aller Zeit:
Ruhm, Ehre, Liebe dir!

Immer, wenn es Gott gefiel, auf Erden etwas Großes zu tun, hat er mehr oder weniger den Pfad des Gewohnten verlassen.

Der Herr sprach zu Abram: Geh aus deinem Vaterland und von deiner Verwandtschaft und aus deines Vaters Hause in ein Land, das ich dir zeigen will. Und ich will dich zum großen Volk machen und will dich segnen und dir einen großen Namen machen, und du sollst ein Segen sein. Ich will segnen, die dich segnen, und verfluchen, die dich verfluchen; und in dir sollen gesegnet werden alle Geschlechter auf Erden. Da zog Abram aus, wie der Herr zu ihm gesagt hatte.
1. Mose 12, 1–4a

Gottes Zeit

Wir sagen, Gott ist allmächtig und allweise. Er sieht und erkennt von Ewigkeit zu Ewigkeit alles auf einmal, was war, was ist und was sein wird. Bei ihm ist nichts in der Vergangenheit oder in der Zukunft verborgen, sondern alle Dinge sind ihm gleich gegenwärtig.

*

Wenn wir sagen, Gott weiß alles vorher, stimmt das eigentlich nicht, denn für Gott gibt es kein Vorher und kein Nachher. Die ganze Zeit – oder vielmehr die ganze Ewigkeit – ist ihm im selben Augenblick gegenwärtig. Uns Menschen sind nur jeweils sehr kurze Abschnitte der Ewigkeit als Zeit in die Hand gegeben.

Nutze den Augenblick!

»Lass den morgigen Tag für das Seine sorgen.« Lebe heute! Bemühe dich ernsthaft, die gegenwärtige Stunde zu nutzen. Sie gehört dir. Sie ist dein ganzer Reichtum. Die Vergangenheit ist wie nichts; es ist, als ob sie nie gewesen wäre. Die Zukunft geht dich noch nichts an. Sie gehört dir nicht; vielleicht wird sie dir nie gehören. Man kann nicht auf das setzen, was noch bevorsteht. Lebe heute! Verlier nicht eine Stunde! Nutze diesen Augenblick, denn er gehört dir. »Wer kennt die Dinge, die vor ihm waren oder was nach ihm kommen wird unter der Sonne?« (Pred. 6,12) Die Generationen, die seit Beginn der Welt lebten, wo sind sie jetzt? Verschwunden, vergessen! Sie lebten ihren Tag; sie wurden von der Erde geschüttelt wie Blätter von den Bäumen. Sie vermoderten und wurden Staub und Asche. Eine Generation folgte der anderen. Jetzt ist deine Zeit auf der Erde. Genieße diesen Augenblick, gerade diesen, und freue dich an Gott, dessen »Jahre nicht aufhören werden« (Hebr. 1,12).

Frisch ans Werk!

Jede gute Absicht wird abkühlen und sterben, wenn sie nicht so schnell wie möglich ausgeführt wird. Doch lasst uns nicht zu viel auf einmal unternehmen.

*

Tu deine Arbeit beizeiten – und zu seiner Zeit wird dir Gott den vollen Lohn zahlen.

*

Für heute kann ich meinen Platz überall dort finden, wo das Werk unseres Herrn getan wird.

*

Es ist eine großartige Sache, all unsere Zeit zur Ehre Gottes zu verbringen.

Du lebst einzig und allein, damit du Gott auf Erden erkennst, ihn liebst und ihm dienst und dich seiner in alle Ewigkeit freust.

Ich denke, Gott hat uns Apostel als die Allergeringsten hingestellt, wie zum Tode Verurteilte. Denn wir sind ein Schauspiel geworden der Welt und den Engeln und den Menschen. Wir sind Narren um Christi willen, ihr aber seid klug in Christus; wir sind schwach, ihr aber seid stark; ihr herrlich, wir aber verachtet. Bis auf diese Stunde leiden wir Hunger und Durst und Blöße und werden geschlagen und haben keine feste Bleibe und mühen uns ab mit unserer Hände Arbeit. Man schmäht uns, so segnen wir; man verfolgt uns, so dulden wir's, man verlästert uns, so reden wir freundlich. Wir sind geworden wie der Abschaum der Menschheit, jedermanns Kehricht, bis heute.

1. Korinther 4, 9–13

Nutze den Augenblick!

Geh beständig und ruhig den Weg weiter, den die Vorsehung dir weist. So wird Gott dir durch seinen Geist in jeder Versuchung einen Weg ebnen, auf dem du ihr entkommen kannst.

*

An uns ist es, darauf zu warten, dass die göttliche Vorsehung uns Wege öffnet, und dann diesem Leitstern zu folgen.

*

Ich glaube, der Herr wird mir eine gute Arbeit zeigen und mir dazu die Kraft geben, sie auch zu tun.

(Charles Wesley)

Gottes Geist befreit

»Wo der Geist des Herrn ist, da ist Freiheit« (2. Kor. 3,17) – Freiheit von Schuld und Furcht, aber auch von der Sünde, dem schwersten Joch und der unwürdigsten Form der Knechtschaft. Wer diese Freiheit erfahren hat, müht sich nicht mehr vergebens. Die Schlinge ist zerrissen, und er ist frei. Er quält sich nicht nur ab, er setzt sich auch durch. Er kämpft nicht nur, er siegt auch. »Er dient nicht mehr der Sünde, und sie herrscht nicht mehr über ihn.« Er »stellt seine Glieder« nicht mehr »der Sünde als Waffen der Ungerechtigkeit zur Verfügung, sondern Gott als Waffen der Gerechtigkeit.« »Frei von der Sünde, ist er ein Knecht der Gerechtigkeit geworden.«

*

Wie wichtig ist es doch für jeden Menschen, das richtige Fundament zu haben!

Miss nicht alle Menschen an dir. Halte dich nicht für die allgemein gültige Norm!

Er sprach aber zu einigen, die sich selbst anmaßten, fromm zu sein, und verachteten die andern, dies Gleichnis: Es gingen zwei Menschen hinauf in den Tempel, um zu beten, der eine ein Pharisäer, der andere ein Zöllner. Der Pharisäer stand für sich und betete so: Ich danke dir, Gott, dass ich nicht bin wie die andern Leute, Räuber, Betrüger, Ehebrecher oder auch wie dieser Zöllner. Ich faste zweimal in der Woche und gebe den Zehnten von allem, was ich einnehme. Der Zöllner aber stand ferne, wollte auch die Augen nicht aufheben zum Himmel, sondern schlug an seine Brust und sprach: Gott, sei mir Sünder gnädig!

Ich sage euch: Dieser ging gerechtfertigt hinab in sein Haus, nicht jener. Denn wer sich selbst erhöht, der wird erniedrigt werden; und wer sich selbst erniedrigt, der wird erhöht werden.
Lukas 18, 9–14

Neue Chance

Wer gab den methodistischen Predigern zuerst die Gelegenheit, nach Leeds zu kommen? – William Shent.

Wer lud mich ein und nahm mich auf, als ich kam? – William Shent.

Wer stand an meiner Seite, als ich predigte und von allen Seiten die Steine flogen? – William Shent.

Wer ertrug den Sturm der Verfolgung stellvertretend für die ganze Stadt und kämpfte dagegen unter Einsatz seines Lebens? – William Shent.

Wessen Wort segnete Gott viele Jahre in herausragender Weise? – Das Wort William Shents.

Wer ist jetzt in der Situation, zerbrochen und auf die Straße geworfen zu werden? – William Shent.

Und niemand macht sich Sorgen um ihn? William Shent fiel in Sünde und wurde öffentlich aus der Gemeinschaft ausgeschlossen. Aber muss man ihn so Not leiden lassen? Wo bleibt die Dankbarkeit? Wo bleibt das Mitleid? Wo bleibt die christliche Einstellung? Wo bleibt die Menschlichkeit?

Lasst uns ihm noch einmal auf die Beine helfen.

*

Gott hilft denen, die anderen helfen.

Das Beste denken

Ich liebe die Wahrheit, wo immer ich sie finde.

*

Grundsätzlich nehme ich nichts übel, was gut gemeint ist. Deshalb musst du niemals befürchten, dass ich in deine Worte eine böse Absicht hineinlese.

*

Mit unsern Mitmenschen Geduld zu haben und Böses sanftmütig und still zu erdulden, ist der Kern christlichen Lebens. Im Leben eines Christen ist das erste die Liebe zu Gott, das zweite, die Mängel der Mitmenschen zu ertragen.

Umgang mit Geld

Geld bleibt nie lange bei mir. Es würde verbrennen, falls es bei mir bliebe. Ich gebe es so schnell wie möglich weiter, damit es keinen Weg in mein Herz findet.

*

Du bekommst keine Belohnung im Himmel für das, was du zurücklegst, sondern für das, was du austeilst. Jedes Pfund, das du auf der irdischen Bank anlegst, ist verloren, es bringt oben keine Zinsen. Aber jedes Pfund, das du den Armen gibst, ist in der himmlischen Bank angelegt. Es wird großartige Zinsen bringen, die sich in der Ewigkeit vermehren.

Die gute alte Zeit

Ist es nicht gang und gäbe, dass alte Menschen die Vergangenheit glorifizieren und die Gegenwart verdammen? Wahrscheinlich ist dies noch weiter verbreitet, als wir zunächst meinen. Wenn also die, die mehr Erfahrung haben als wir, ständig darauf herumreiten, dass die Welt verdorben ist, ist es dann verwunderlich, dass uns die Vorstellung von einer immer schlechter werdenden Welt in Fleisch und Blut übergegangen ist? Wir haben ja von Kindheit an nichts anderes gehört, als dass die Welt früher viel besser war als jetzt. Freilich, so kam es den Alten vor, wenn sie zurückschauten: Sie waren jung, und die Fröhlichkeit der Jugend ließ alles um sie herum in einem rosigen Licht erscheinen. – Und so wird es sein, wenn wir unsererseits mürrisch, unzufrieden und voller Melancholie lamentieren: »Wie gottlos die Welt geworden ist! Wie viel besser war alles, als wir noch jung waren, in den goldenen Tagen, an die wir uns erinnern können.«

Liebe heilt

Heftige Gemütsbewegungen haben einen größeren Einfluss auf die Gesundheit, als wir denken. Alle schmerzlichen und plötzlichen Gemütsbewegungen machen Menschen entweder für akute Krankheiten anfällig oder rufen sie hervor. Ehe die Gemütserregung beruhigt ist, die die Krankheit verursacht, ist jede Anwendung von Medizin vergeblich.

Da die Liebe Gottes das uneingeschränkte Heilmittel gegen jedes Übel ist, verhindert sie die körperlichen Störungen, die Gemütsbewegungen verursachen, indem sie diese in Grenzen hält. Durch die unaussprechlich ruhige Heiterkeit und Gelassenheit, die sie dem Geist gibt, wird die Liebe Gottes zum wirksamsten aller Mittel für Gesundheit und ein langes Leben.

Medizin zum Leben

Was Methodismus genannt wird, ist der alte Glaube der Bibel, der Urkirche, der Kirche von England. Dieser alte Glaube ist nichts anderes als Liebe, Liebe zu Gott und allen Menschen. Diese Liebe ist die große Medizin des Lebens, das nie versagende Heilmittel für all das Elend einer durcheinander geratenen Welt, gegen all die Übel und Laster der Menschen. Wo diese Liebe ist, da gehen Tugend und Freude Hand in Hand.

*

Ich fürchte nicht, dass es die Leute, die man Methodisten nennt, in Europa oder Amerika einmal nicht mehr geben könnte. Mir graut aber vor dem Gedanken, dass sie einmal nur noch als tote Gruppe existieren könnten – äußerlich eine Glaubensgemeinschaft, doch ohne jede Kraft.

Diszipliniertes Reden

Ich habe kaum je bereut, zu wenig gesagt zu haben, aber häufig, zu viel.

*

Man müsste ein Engel sein und kein Mensch, um vier Stunden lang über ein und dieselbe Sache sprechen zu können: Was wir bei einer solchen Unterhaltung am Anfang gewinnen, geht bis zum Schluss unweigerlich wieder verloren.

*

Beherzige den Rat, den du gibst, auch selbst.

Lebensregeln

Vom Beifall droht viel größere Gefahr als von der Kritik. Am besten, beides hält sich die Waage.

*

Wer kein Lob sucht, braucht Tadel nicht zu fürchten.

*

Stolz und Eigenwille sind ein Zwillingspaar.

*

Der Neid erfindet tausend Dinge – plausibel bis ins Detail.

In meiner Jugend war ich mir in allem sicher. Nach wenigen Jahren, in denen ich mich tausendmal geirrt hatte, war ich mir in den meisten Dingen gegenüber früher nur noch halb so sicher. Heute ist mir mit einer Ausnahme – nämlich dessen, was Gott den Menschen geoffenbart hat – fast alle Sicherheit genommen.

Die Liebe hört niemals auf, wo doch das prophetische Reden aufhören wird und das Zungenreden aufhören wird und die Erkenntnis aufhören wird.

Denn unser Wissen ist Stückwerk, und unser prophetisches Reden ist Stückwerk.

Wenn aber kommen wird das Vollkommene, so wird das Stückwerk aufhören.

Als ich ein Kind war, da redete ich wie ein Kind und dachte wie ein Kind und war klug wie ein Kind; als ich aber ein Mann wurde, tat ich ab, was kindlich war.

Wir sehen jetzt durch einen Spiegel ein dunkles Bild; dann aber von Angesicht zu Angesicht. Jetzt erkenne ich stückweise; dann aber werde ich erkennen, wie ich erkannt bin.

1. Kor. 13, 8–12

Einfaches Leben

Ich habe zwei silberne Teelöffel in London und zwei in Bristol. Das ist alles, was ich im Augenblick an Silberbesteck besitze; und ich werde nicht mehr kaufen, solange in meiner Umgebung so viele Menschen kein Brot haben.

Als John Wesley eine Jahreseinnahme von 30 Pfund hatte, gebrauchte er 28 Pfund für seine persönlichen Bedürfnisse und verschenkte 2 Pfund; als sich seine Einnahme auf 60 Pfund belief, verschenkte er 32; als er 90 Pfund erhielt, verschenkte er 62; und diesen Grundsatz befolgte er bis zum Ende seines Lebens. Er verausgabte nie mehr als 28 Pfund für seine eigene Person. In späteren Jahren erzielte er aus dem Verkaufe seiner Bücher einen Reingewinn von über 1000 Pfund jedes Jahr, doch verschenkte er diese ganze Summe. Nur seine Reisekosten, soweit sie nicht von den Gemeinschaften bestritten wurden, zog er ab. Er hat in seinem Leben mehr als 30 000 Pfund für Wohltätigkeitszwecke ausgegeben.
(John L. Nuelsen)

Heiligkeit und Glückseligkeit

Dem Maß unserer Liebe entspricht das Maß unseres Glücks.

*

Je heiliger wir auf Erden leben, desto glücklicher werden wir sein, denn es gibt einen unauflöslichen Zusammenhang zwischen Heiligsein und Glücklichsein.

*

Wenn du Glück und Erfüllung allein in Gott suchst, wirst du nie enttäuscht werden. In jedem anderen Falle aber wird es mit Sicherheit so sein, denn alle Geschöpfe sind gebrochene Zisternen, die kein Wasser geben.

Erkenne dich selbst!

Ich schätze dein Gottvertrauen und deinen Eifer bei der Rettung von Menschen. Aber ich kann nicht leiden, was nach Stolz aussieht: deine Selbstüberschätzung und die Unterschätzung anderer.

Ich hasse alles, was nach Schwärmerei aussieht: Gefühle und innere Eindrücke überzubewerten, bloße Einbildung für die Stimme des Geistes zu halten, Ziele ohne die angemessenen Mittel erreichen zu wollen, und dabei ganz allgemein Vernunft, Wissen und Weisheit zu unterschätzen.

Aber am wenigsten mag ich, wie gering deine Liebe zu den Brüdern ist, zu deiner eigenen Gemeinde.

Ich bin nie so beschäftigt, dass ich meine Freunde vergessen könnte.

Sie saßen mit ihm auf der Erde sieben Tage und sieben Nächte und redeten nichts mit ihm; denn sie sahen, dass der Schmerz sehr groß war.
Hiob 2, 13

Wenn jemand unter euch einen Freund hat und ginge zu ihm um Mitternacht und spräche zu ihm: Lieber Freund, leih mir drei Brote; denn mein Freund ist zu mir gekommen auf der Reise, und ich habe nichts, was ich ihm vorsetzen kann, und der drinnen würde antworten: Mach mir keine Unruhe! Die Tür ist schon zugeschlossen, ich kann nicht aufstehen und dir etwas geben.

Ich sage Euch: Wenn er schon nicht aufsteht und ihm etwas gibt, weil er sein Freund ist, dann wird er doch wegen seines unverschämten Drängens aufstehen und ihm geben, soviel er bedarf.
Lukas 11, 5–8

Achte Gottes Geschöpfe!

John Wesley legte täglich viele Meilen im Sattel seines Pferdes zurück. Ihn trieb dabei nur eines: möglichst vielen Menschen das Evangelium zu verkündigen. Aber er vergaß dabei seinen treuen Helfer nicht und riet den anderen reitenden Evangelisten: »Sei barmherzig zu deinem Pferd. Reite behutsam und kümmere dich darum, dass es zwischen den Ritten gut versorgt wird!«

*

Eine merkwürdige Geschichte passierte während des Morgengottesdienstes in Rotherham. Durch das Tor schritt feierlich ein Esel herein, kam zur Haustür herauf, hob seinen Kopf und verharrte stocksteif mit größter Aufmerksamkeit.

Beschämt nicht dieses stumme Tier viele Menschen, die weit weniger Anstand, aber kaum mehr Verstand haben?

Auf der Suche nach dem eigenen Glauben

Herrn Pfarrer John Burton
10. Oktober 1735

Werter Herr!

Der eigentliche Grund für meine Ausreise nach Georgia ist die Hoffnung, meine eigene Seele zu retten. Ich hoffe, den wahren Sinn des Evangeliums dadurch zu erkennen, dass ich es den Heiden predige. Sie haben keine Auslegungen, die den Text wegdeuten, keine eitle Philosophie, die ihn verdirbt. Sie haben keine auf Reichtum schielenden, fleischlichen, neidischen, ehrgeizigen Ausleger, die seine unbequemen Wahrheiten abschwächen und die irdische Gesinnung mit dem Glauben und den Geist Christi mit dem Geist der Welt versöhnen. Diese Menschen dienen keiner Interessengruppe und können deshalb das Evangelium in seiner einfachen Eindeutigkeit empfangen. Sie sind wie kleine Kinder, demütig, lernwillig und gern bereit, den Willen Gottes zu tun. Deshalb werden sie erkennen können, ob alles, was ich predige, von Gott ist. Von ihnen hoffe ich also den reinen Glauben zu lernen, der einst den Heiligen überliefert wurde, den eigentlichen Sinn und die volle Bedeutung der göttlichen Ordnungen, die niemand verstehen kann, der irdisch gesinnt ist.

In Gottes Schutz

An Sir John Philipps
[Mitglied der Gesellschaft, die Wesley nach Georgia entsandte]
An Bord der Simmonds, 20. Jan. 1736

Geehrter Herr,

Ihre Gebete sind nicht umsonst gewesen, denn Gott hat uns sehr gesegnet, seit wir von London abgereist sind. Nichts Gutes hat uns gemangelt.

Seit wir auf See sind, haben wir erst einen Sturm erlebt, und der dauerte nur wenige Stunden. Wer die See nicht kennt, müsste glauben, das Schiff würde jeden Augenblick vom Wasser verschlungen. Eine Welle ging über das Schiff hinweg und brach mit einem Getöse wie von einer Kanone in die Kabine ein, in der wir waren. Das Wasser brach in die große Kabine ein. Dabei durchnässte es einige von uns von Kopf bis Fuß. Dies Ereignis war, wie ich hoffe, ein großer Segen. Vielleicht sind durch den Schreck alle an Bord angeregt worden, über ihr Leben nachzudenken.

Möge der Herr, der uns geholfen und seine Wohltaten über uns ausgegossen hat, Sie und Ihre Lieben in seinem Schutz behalten. Möge er alle Pläne Ihrer Gesellschaft zu seiner Ehre fördern und Ihre Hände gegen die Macht des Feindes stärken! Er wird die Freundlichkeit vergelten, die Sie uns um seinetwillen erwiesen haben, besonders dadurch, dass Sie uns in Ihren Gebeten genannt haben – und das braucht niemand nötiger als Ihr dankbarer und gehorsamer Diener

John Wesley

In Savannah

An Frau Susanna Wesley
Savannah, 18. März 1736

Liebe Mutter!

Gestern Abend wollte ein vornehmer Herr einen Ball veranstalten. Aber zur gleichen Zeit fand das Abendgebet statt. Die Kirche war voll, der Ballsaal dagegen so leer, dass das Vergnügen ausfallen musste.

Bete für uns, liebe Mutter, und besonders für deinen gehorsamen und liebevollen Sohn

John Wesley

Wer wird mich bekehren?

Ich bin nach Amerika gegangen, um Indianer zu bekehren – aber mich, wer wird mich bekehren? Wer kann mich erlösen von diesem bösen, ungläubigen Herzen? Ich habe einen recht guten »Schönwetter-Glauben«. Ich kann gut reden, ja, ich habe sogar Glauben, so lange keine Gefahr droht. Wenn mir aber der Tod ins Gesicht blickt, dann ist mein Geist verängstigt.

Es ist nun zwei Jahre und vier Monate her, dass ich mein Heimatland verließ, um die Indianer in Georgia das Wesen des christlichen Glaubens zu lehren. Was aber habe ich selbst in dieser Zeit gelernt? Etwas, das ich am allerwenigsten erwartet hätte: Nämlich, dass ich, der ich nach Amerika ging, um andere zu bekehren, selbst gar nicht bekehrt war! (Sicher bin ich mir da freilich nicht.) Ich bin nicht verrückt, wenn ich auch so rede. Meine Worte sind wahr und nüchtern.

Feldpredigt

Die große Mehrheit der riesigen Gemeinde in Moorfields war mit großem Ernst bei der Sache. *Eine* solche Stunde könnte jeden unparteiischen Menschen von der Nützlichkeit der Verkündigung im Freien überzeugen. Welches Gebäude – vielleicht mit Ausnahme der St. Paul's-Kathedrale – könnte eine solche Gemeinde fassen? Selbst wenn es ein solches Gebäude gäbe, welche menschliche Stimme hätte die Menschen dort erreichen können? Ich habe wiederholt die Erfahrung gemacht, dass ich dreimal soviel Menschen im Freien ansprechen kann, als das in einem Gebäude möglich ist. Und wer könnte sagen, die Zeit der Verkündigung im Freien sei vorbei, wenn so mehr Menschen zusammenkommen als je zuvor und sich überaus deutlich zeigt, dass durch die Kraft Gottes diese Menschen überzeugt und bekehrt werden?

Gelassen im Tumult

Eine große Menschenmenge, Reiche und Arme, zu Pferd, zu Fuß und mit Kutschen, hatte sich schnell bei Mighton Car zusammengefunden. Laut und gelassen rief ich der Menge zu: »Was hülfe es dem Menschen, wenn er die ganze Welt gewönne und nähme doch Schaden an seiner Seele?« (Mt. 16,26) Einige Tausend folgten aufmerksam, aber viele benahmen sich, als wären sie vom Bösen besessen. Erdklumpen und Steine kamen von allen Seiten geflogen, doch sie trafen und störten mich nicht.

Als ich meine Rede beendet hatte, wollte ich die Kutsche nehmen, aber der Kutscher war weggefahren. Wir standen verloren da, bis eine Dame meine Frau und mich einlud, in ihre Kutsche zu steigen. Sie bereitete sich dadurch einige Ungelegenheiten. Nicht nur, dass wir zu neunt in der Kutsche waren, drei auf jeder Seite und drei in der Mitte. Obendrein drängte sich der Mob dicht heran und verfolgte uns. Die Leute warfen, was ihnen unter die Hände kam, durch die Fenster, die zu schließen wir nicht für klug hielten. Aber eine stattliche Dame, die auf meinem Schoße saß, schirmte mich ab, so dass mich nichts traf.

Der Mob war auf einige Tausend angewachsen. Als ich aus der Kutsche stieg und in das Haus von Herrn A. ging, bekamen sie mit, dass ich ihrer Hand entkommen war. Sie revanchierten sich dafür mit einem Steinhagel durch die Fenster, sogar bis hinauf zum vierten Stockwerk. Um Mitternacht sammelten sie sich noch einmal und griffen wieder an. Sie brüllten Flüche und Verwünschungen, warfen Ziegel und Steine. Danach war alles ruhig, und ich schlief tief bis gegen vier Uhr morgens.

Zeit zur Stille

Obwohl ich immer in Eile bin, bin ich doch nie überhastet, denn ich nehme mir nie mehr Arbeit vor, als ich in völliger Ruhe bewältigen kann. Es stimmt, dass ich im Jahr vier- oder fünftausend Meilen unterwegs bin. Aber meistens reise ich allein in meiner Kutsche und bin deshalb zehn Stunden am Tag so zurückgezogen, als wäre ich irgendwo in der Wüste. Auch an den anderen Tagen bin ich nie weniger als drei Stunden allein, oft sogar zehn oder zwölf. So gibt es wohl wenige Menschen im Lande, die so viele Stunden ohne jede Gesellschaft verbringen, doch finde ich immer noch Zeit, Kranke und Arme zu besuchen.

Als ich in Oxford war, wo ich fast wie ein Einsiedler lebte, konnte ich nicht erkennen, wie ein vielbeschäftigter Mensch gerettet werden könnte. Ich konnte mir kaum vorstellen, wie ein Mensch seine christliche Einstellung mitten in dem Lärm und dem Gewühl der Welt bewahren könnte. Gott hat mich durch meine eigene Erfahrung eines Besseren belehrt. In Amerika hatte ich zeitweise zehn mal mehr zu tun als sonst in meinem Leben, aber das hat mich nie daran gehindert, Zeit zur Stille zu finden.

Gebet

Die Güte deiner Liebe, die du mir beständig erweist, mache meine Liebe zum Nächsten gütig und beständig, dass ich eifrig für ihn bete, dass ich seine Gesundheit und Sicherheit, sein Wohlergehen und sein Glück beachte und fördere, dass ich bereit bin, alle Menschen zu trösten, die mir deine Liebe anbefiehlt, und ihnen nach ihren Bedürfnissen beizustehen und ihre Lasten mitzutragen.

Mache mich zu einem friedfertigen und versöhnlichen Menschen, der gern bereit ist, zu vergeben und Böses mit Gutem zu vergelten. Gestalte mich nach deinem Bild, voller Freundlichkeit und Güte, voller Sanftmut, Geduld und Demut.

Wecke in mir den leidenschaftlichen Eifer, das Leben, das ewige Leben von Menschen, zu retten, die Gottlosen zu bekehren und für deine Liebe zurückzugewinnen.

Amen.

Glaube und Vernunft
gehen Hand in Hand.

Die Gabe, die aus dir entsprießt,
Herr, die allein wünsch ich von dir.
Gib, dass dein Lebenswasser fließt,
leb du im Geiste selbst in mir.
Du Friedefürst, du Lebensquell,
ström auch durch mich nun klar und hell.

Still meinen Durst, dann brauch ich nicht
die Freudenbecher dieser Zeit.
Geh in mir auf, du Himmelslicht,
zeig du mir Gottes Herrlichkeit,
den Frieden, den mir niemand nimmt,
die Freude, die du mir bestimmt.

Mach mich zu deiner Liebe Bild,
damit ich hör der Witwen Schrei,
tu, was der Waisen Klagen stillt,
und sie durch dich von Not befrei.
Mach mich von meiner Selbstsucht los
und deine Liebe in mir groß.

Lass deines Geistes Wirken sehn,
der mich vom Sündenschmutz befreit;
lass mich das Leben rein durchstehn,
führ du mich glaubend durch die Zeit.
Lass meinen Glauben wahrhaft sein
durch Liebe, die vollkommen rein.

Wir denken und lassen denken und bestehen nur auf einem: dem Glauben, der durch die Liebe tätig ist.

Johannes sprach zu ihm: Meister, wir sahen einen, der trieb böse Geister in deinem Namen aus, und wir verboten's ihm, weil er uns nicht nachfolgt. Jesus aber sprach: Ihr sollt's ihm nicht verbieten. Denn niemand, der ein Wunder tut in meinem Namen, kann so bald übel von mir reden. Denn wer nicht gegen uns ist, der ist für uns. Denn wer euch einen Becher Wasser zu trinken gibt deshalb, weil ihr Christus angehört, wahrlich, ich sage euch: Es wird ihm nicht unvergolten bleiben.
Markus 9, 38–41

Kennzeichen eines Methodisten: denken und denken lassen

Was einen Methodisten kennzeichnet, sind nicht irgendwelche besonderen Ansichten. Ob er dieser oder jener Glaubensweise zustimmt, sich irgendwelche besondere Auffassungen zu eigen macht, die Lehre dieses oder jenes Menschen vertritt, tut nichts zur Sache. Wir glauben, dass die ganze Schrift von Gott eingegeben und das geschriebene Wort Gottes die alleinige und hinreichende Richtschnur des christlichen Glaubens und Lebens ist, und wir glauben, dass Christus ewiger und wahrhaftiger Gott ist. Aber in allen Fragen, die nicht an die Wurzel des christlichen Glaubens gehen, halten wir es mit der Regel: denken und denken lassen.

Kennzeichen eines Methodisten: keine Nebensächlichkeiten!

Was einen Methodisten kennzeichnet, ist nicht der Gebrauch bestimmter Worte und Redensarten. Vielmehr bevorzugen wir im ganz normalen Gespräch wie auch dann, wenn wir von Glaubensdingen reden, gut verständliche und gebräuchliche Worte. Ebenso wenig möchten wir uns durch im Grunde unwichtige Handlungen und Gewohnheiten von anderen Christen unterscheiden. Unser Glaube äußert sich weder dadurch, dass wir das tun, was Gott uns nicht geboten hat, noch dadurch, dass wir das unterlassen, was er uns nicht verboten hat. Schließlich will ein Methodist sich auch nicht dadurch von anderen unterscheiden, dass er auf einen einzigen Gesichtspunkt des Glaubens das ganze Gewicht legt.

*

Wir sind jederzeit offen für Belehrung; wir möchten jeden Tag weiser werden als zuvor und dann ändern, was zum Besseren verändert werden kann.

Kennzeichen eines Methodisten: Liebe ist am wichtigsten

Ein Methodist ist ein Mensch, in dessen Herz die Liebe Gottes ausgegossen ist durch den Heiligen Geist, ein Mensch, der Gott liebt von ganzem Herzen, von ganzer Seele, von ganzem Gemüt und von allen seinen Kräften. Gott ist seines Herzens Freude und das, wonach seine Seele verlangt. Deshalb ist er allezeit glücklich in seinem Gott, der seine Seele mit Friede und Freude erfüllt. Er kann nicht anders, als sich darüber zu freuen, dass er Frieden mit Gott hat durch Jesus Christus, weil er aus Gnade gerecht geworden ist. So trägt er die Hoffnung auf Unsterblichkeit in sich und ist dankbar in allen Dingen, da er weiß, dass diese Dinge der Wille Gottes in Christus Jesus für ihn sind. Aus seinen Händen nimmt er alles mit Freuden an und ist völlig überzeugt, dass von ihm nur Gutes kommen kann. Deshalb sorgt er nicht und vertraut in allen Dingen auf ihn, nachdem er seine Bitten im Gebet und Danksagung vor Gott hat kund werden lassen.

Kennzeichen eines Methodisten: Gebet und Liebe

Ein Methodist betet ohne Unterlass. Ob er allein ist oder in Gesellschaft, ob er Muße hat, arbeitet oder sich unterhält – sein Herz ist stets bei dem Herrn. Ob er sich niederlegt oder aufsteht – in seinen Gedanken beschäftigt er sich mit Gott. Während seine Liebe zu Gott so Gestalt gewinnt, ist sein Herz voll Liebe zu allen Menschen, zu allen Kindern des himmlischen Vaters. Dass ihm jemand nicht per sönlich bekannt ist, hindert seine Liebe nicht. Er liebt selbst den, dessen Handlungsweise er nicht billigen kann und von dem er weiß, dass er sein Wohlwollen mit Hass vergilt. Er ist reinen Herzens, denn die Liebe Gottes hat es gereinigt von jeder Art von Lieblosigkeit. So gibt er sich alle Mühe, Gottes Gebote zu halten. Sein Gehorsam entspricht genau seiner Liebe, der Quelle, aus der er entspringt; und weil er Gott von ganzem Herzen liebt, dient er ihm mit all seinen Kräften.

*

Es ist angebracht und wünschenswert, dass die Methodisten in allen Teilen der Erde so eng wie nur möglich miteinander verbunden sind.

Kennzeichen eines Methodisten: alles zu Gottes Ehre

Alles, was ein Methodist tut, dient der Ehre Gottes. Seine Arbeit und seine Erholung richten sich ebenso wie seine Gebete auf dies eine hohe Ziel. In keiner Weise lässt er sich durch die Gepflogenheiten der Welt daran hindern, in dem Kampf zu laufen, der uns verordnet ist. Er kann nicht alle Tage herrlich und in Freuden leben, noch seinen Leib so pflegen, dass er den Begierden verfällt. Schätze auf Erden kann er genauso wenig sammeln, wie er Feuer unter seinem Gewand tragen kann. Unter keinem Vorwand kann er sich mit Gold oder kostbaren Gewändern schmücken und Vergnügungen mitmachen oder gutheißen, die auch nur im geringsten Maße lasterhaft sind. Er kann ebenso wenig seinem Nächsten Übles nachreden, wie er vor Gott oder Menschen lügen kann. Soweit er Gelegenheit dazu findet, tut er auf jede nur mögliche Weise Gutes an jedermann, an Nachbarn und Fremden, an Freunden und Feinden; und dies tut er nicht nur im Blick auf die körperlichen Bedürfnisse, sondern noch viel mehr, um den Seelen Gutes zu tun, die aufzuwecken, die im geistlichen Tod schlafen, die Erweckten zu dem zu bringen, der sie mit seinem Blut versöhnt hat, und die zur Liebe und zu guten Werken anzuspornen, die Frieden mit Gott gefunden haben. Er ist bereit, sich hinzugeben und hingegeben zu werden, damit sie alle hingelangen zum Maß der Fülle Christi (Eph. 4, 13).

Kennzeichen eines Methodisten: Ich reiche dir die Hand

Wenn jemand sagt: »Eure Kennzeichen sind doch nur die allgemeinen Grundwahrheiten des christlichen Glaubens,« so hat er recht. Ich bin derselben Ansicht. Wer das ist, was ich predige, der ist ein Christ – nicht nur dem Namen nach, sondern im Herzen und im Leben. Durch die genannten Kennzeichen, durch diese Früchte eines lebendigen Glaubens, wollen wir uns von der ungläubigen Welt und all denen unterscheiden, deren Gesinnung und Leben dem Evangelium Jesu Christi widersprechen. Aber von wahren Christen – sie mögen sich nennen, wie sie wollen – wollen wir durchaus nicht unterschieden werden. »Ist dein Herz mir gegenüber aufrichtig wie mein Herz gegenüber deinem?« Ich stelle keine weitere Frage. Wenn das so ist, dann gib mir deine Hand! Lass uns nicht um bloßer Meinungen und Worte willen das Werk Gottes zerstören. Liebst du Gott, und dienst du ihm? Das genügt. Ich reiche dir die rechte Hand der Gemeinschaft.

*

Einigkeit und Heiligkeit sind die beiden Dinge, die ich bei den Methodisten finden möchte.

9. Februar 1709: John Wesley wird aus dem brennenden Elternhaus gerettet

Leute, die man Methodisten nennt

Wenn man von Leuten spricht, die man Methodisten nennt, dann sollte man sich immer vor Augen halten: Dies ist nicht der Name, den sie sich selbst gewählt haben, sondern man hat sie mit diesem abwertenden Schimpfwort belegt, ohne ihr Einverständnis oder ihre Zustimmung. Zum ersten Mal wurde er für drei oder vier junge Männer in Oxford von einem Studenten des Christ Church College gebraucht – wahrscheinlich in Anlehnung an eine Ärzteschule des Altertums, die lehrte, dass fast alle Krankheiten durch eine bestimmte Diät oder Bewegung geheilt werden könnten, oder weil sich diese Studenten im Blick auf ihr Studium und ihr Verhalten an eine geordnetere Lebensweise hielten, als es bei Alters- und Studiengenossen üblich war.

*

Gott schenke, dass mein Leben nie nutzlos wird.

Unter dem Etikett der Vernunft regieren Leidenschaft und Vorurteil die Welt. Wir haben ihnen nach Kräften entgegenzuwirken – durch die Verbindung von Glaube und Vernunft.

Der Herr hat mich schon gehabt im Anfang seiner Wege, ehe er etwas schuf, von Anbeginn her. Ich bin eingesetzt von Ewigkeit her, im Anfang, ehe die Erde war. Als die Meere noch nicht waren, ward ich geboren, als die Quellen noch nicht waren, die von Wasser fließen. Ehe denn die Berge eingesenkt waren, vor den Hügeln ward ich geboren, als er die Erde noch nicht gemacht hatte noch die Fluten darauf noch die Schollen des Erdbodens. Als er die Himmel bereitete, war ich da, als er den Kreis zog über den Fluten der Tiefe, als er die Wolken droben mächtig machte, als er stark machte die Quellen der Tiefe, als er dem Meer seine Grenze setzte und den Wassern, dass sie

nicht überschreiten seinen Befehl; als er die Grundfesten der Erde legte, da war ich als sein Liebling bei ihm; ich war seine Lust täglich und spielte vor ihm allezeit.
Sprüche 8, 22–30

Vernünftiger Gottesdienst

Wenn ihr die Vernunft verachtet oder herabsetzt, dann meint nicht, damit etwas Gottgefälliges zu tun. Schon gar nicht fördert ihr Gottes Sache, wenn ihr die Vernunft aus dem Glauben heraus halten wollt. Wenn ihr nicht bewusst die Augen vor der Vernunft verschließt, müsst ihr erkennen, wie hilfreich sie unter der Führung des Geistes Gottes für die Grundlegung des Glaubens und für seine weitere Entfaltung ist. Ihr seht, sie weist uns in jeder Hinsicht den Weg, im Glauben und in der Lebenspraxis. Sie leitet uns in der inneren und äußeren Heiligung. Sollten wir uns nicht darüber freuen, dass unser ganzer Glaube ein vernünftiger Gottesdienst ist?

Grenzen der Vernunft

Erlaubt mir noch, euch ein paar klare Worte zu sagen, die ihr die Vernunft überschätzt. Warum wollt ihr von einem Extrem ins andere fallen? Ist nicht der Mittelweg der beste? Lasst die Vernunft alles tun, was sie vermag. Setzt sie ein, soweit wie möglich. Aber seid euch dabei dessen bewusst, dass die Vernunft völlig unfähig ist, Glauben, Hoffnung oder Liebe zu vermitteln. Demzufolge kann sie auch keine echte Tugend oder Glückseligkeit bewirken. Dies könnt ihr nur von einer höheren Quelle erwarten, allein von dem himmlischen Vater. Sucht und empfangt Tugend und Glück nicht als etwas, das ihr selbst erworben habt, sondern als Gottes Gabe.

Sachlichkeit

Hüte dich, dir einzubilden, du hättest Gaben von Gott, die du gar nicht hast! Verlass dich nicht auf Visionen oder Träume, auf plötzliche Eingebungen oder starke Gemütsbewegungen irgendeiner Art! Bedenke: Nicht durch solche Dinge sollst du Gottes Willen bei bestimmten Gelegenheiten erkennen, sondern durch Anwendung der klaren biblischen Regel mithilfe der Erfahrung und der Vernunft und unter dem ständigen Beistand des Geistes Gottes! Nimm den Namen Gottes nicht unüberlegt in den Mund, rede nicht bei jedem geringfügigen Anlass von »Gottes Willen«, sondern lass all deine Worte und Handlungen von Ehrerbietung und Gottesfurcht bestimmt sein.

*

Gott hat uns unseren Verstand als Führer gegeben. Das schließt aber nie die stille Mitwirkung seines Geistes aus.

Nüchternheit in Glaubensdingen

Manche Menschen sind insofern für Schwärmerei anfällig, dass sie in geistlichen Angelegenheiten wie in belanglosen, unbedeutenden Lebensumständen erwarten, von Gott auf eine – wie man richtig sagt – außergewöhnliche Weise geführt zu werden. Ich denke an Visionen oder Träume, starke Eindrücke oder plötzliche Gemütsbewegungen. Ich leugne nicht, dass Gott von alters her seinen Willen auf diese Weise bekannt gemacht hat oder es auch jetzt so tun kann. Ja, ich glaube sogar, dass er es in einigen sehr seltenen Fällen wirklich tut. Aber wie häufig irren sich die Menschen dabei! Wie werden sie durch ihren Stolz und ihre lebhafte Einbildung irregeführt, auch solche Anstöße und Eindrücke, Träume oder Visionen Gott zuzuschreiben, die seiner äußerst unwürdig sind! Das alles ist reine Schwärmerei, ebenso weit vom Glauben wie von Wahrheit und Besonnenheit entfernt.

*

Ich lasse mich selten durch Eindrücke leiten, sondern im allgemeinen durch den Verstand und die Heilige Schrift.

An ihren Früchten sollt ihr sie erkennen

Folgende Regel könnt ihr bei allen Gelegenheiten leicht anwenden. Um zu erkennen, ob Leute, die im Namen Gottes auftreten, falsche oder wahre Propheten sind, braucht man nur zu fragen: Welche Früchte bringt ihre Lehre bei ihnen selbst hervor? Welche Wirkung hat sie auf ihr Leben? Sind sie heilig und unsträflich in allen Dingen? Welchen Einfluss hat ihre Lehre auf ihr Herz? Zeigt ihr gesamter Lebenswandel, dass sie eine heilige, himmlische und göttliche Einstellung haben, dass sie die Gesinnung Jesu Christi in sich tragen? Zeigt ihr Lebenswandel, dass sie demütig, bescheiden und geduldig sind, Gott und Menschen lieben und fleißig sind, gute Werke zu tun?

Ferner braucht man nur zu fragen: Welche Früchte bringt ihre Lehre bei ihren Hörern hervor? Und wenn schon nicht bei allen Hörern, so doch bei vielen, denn selbst die Apostel haben nicht alle ihre Hörer bekehrt. Haben sie die Gesinnung Christi angenommen? Leben sie nach seinem Vorbild? Haben sie damit begonnen, weil sie diese Männer hörten? Waren sie vorher innerlich und äußerlich gottlos? Wenn es so ist, dann ist das ein deutlicher Beweis, dass diese Prediger wahre Propheten und gottgesandte Lehrer sind. Wenn es aber nicht so ist, wenn sie weder sich selbst noch andere wirkungsvoll lehren, Gott zu lieben und ihm zu dienen, ist das ein deutlicher Beweis, dass sie falsche Propheten sind und dass Gott sie nicht gesandt hat.

Prioritäten

Wissen zu erwerben ist gut, aber Seelen zu retten ist besser. Für das Studieren hast du reichlich Zeit, wenn du jeden Morgen darauf verwendest. Du solltest nicht länger als unbedingt nötig schlafen. Rede nicht mehr als nötig und sei niemals untätig oder mit Nebensächlichkeiten beschäftigt. Wenn du aber nur eins tun kannst, entweder deinen Studien nachzukommen oder die Unwissenden zu unterweisen, dann lass die Bücher liegen. Ich würde lieber auf alle Büchereien der Welt verzichten, als am Verderben einer einzigen Seele schuldig zu werden.

*

Hüte dich, von Büchern verschlungen zu werden. Eine Unze Liebe wiegt so viel wie ein Pfund Wissen.

Mit Glauben und Vernunft gegen Leidenschaft und Vorurteil

Als ich jung war, sagte mein Vater zu mir: »Kind, du glaubst, alles durch Argumentieren erreichen zu können. Aber du wirst nach und nach herausfinden, wie wenig man in der Welt mit dem Verstand ausrichten kann.« – Tatsächlich, sehr wenig!

Leidenschaft und Vorurteil regieren die Welt – allerdings unter der Bezeichnung Verstand. Es ist unsere Aufgabe, mit den vereinten Kräften von Glaube und Vernunft, so gut wir können, dagegen anzugehen.

*

Wenn Menschen sich mehr von ihren Leidenschaften als von ihrem Verstand bestimmen lassen, ist wenig Gutes von ihnen zu erwarten.

Achte die Gnade höher als Gold und Edelsteine, den Glanz im Himmel höher als Reichtum auf Erden.

Jesus ging wieder hinaus an den See; und alles Volk kam zu ihm, und er lehrte sie. Und als er vorüberging, sah er Levi, den Sohn des Alphäus, am Zoll sitzen und sprach zu ihm: Folge mir nach!

Und er stand auf und folgte ihm nach.

Und es begab sich, dass er zu Tisch saß in seinem Hause, da setzten sich viele Zöllner und Sünder zu Tisch mit Jesus und seinen Jüngern; denn es waren viele, die ihm nachfolgten. Und als die Schriftgelehrten unter den Pharisäern sahen, dass er mit den Sündern und Zöllnern aß, sprachen sie zu seinen Jüngern: Isst er mit den Zöllnern und Sündern?

Als das Jesus hörte, sprach er zu ihnen: Die Starken bedürfen keines Arztes, sondern die Kranken. Ich bin gekommen, die Sünder zu rufen und nicht die Gerechten.
Markus 2, 13–17

Antwort auf Gottes Wohltaten

Wenn wir von Gott Wohltaten empfangen haben, sollten wir, wenn nicht im stillen Kämmerlein, so doch in unserem Herzen sagen: »Herr, hier komme ich und gebe dir zurück, was du mir gegeben hast. Ich gebe es gern her, um in meine Nichtigkeit zurückzukehren. Denn was ist das vollkommenste Geschöpf vor dir im Himmel und auf der Erde? Ist es nicht ein leeres Gefäß, das mit dir und durch dich gefüllt werden kann – so wie die Luft, die ein Nichts und dunkel ist, mit dem Licht der Sonne gefüllt werden kann? Sie zieht ihr Licht jeden Tag zurück und lässt es am nächsten Tag wiederkommen; und es ist nichts in der Luft, das dieses Licht in Besitz nimmt oder sich ihm entgegenstellt.

Gib mir die Fähigkeit, deine Gnade und deine Wohltaten zu empfangen, aber sie auch wieder zurückzugeben! Ich sage ›deine‹, denn ich weiß, dass die Wurzel, aus der sie erwachsen, in dir liegt und nicht in mir.«

Innere Wandlung

Überall, wo die Worte »wer aus Gott geboren ist« in der Heiligen Schrift vorkommen, zeigen sie uns, dass damit nicht nur die Taufe oder eine äußere Umgestaltung gemeint ist. Vielmehr bezeichnen sie eine gewaltige innere Wandlung unserer ganzen Existenz, die der Heilige Geist bewirkt. Denn von dem Augenblick an, in dem wir »aus Gott geboren« werden, führen wir ein anderes Leben als zuvor. Wir befinden uns sozusagen in einer anderen Welt.

Anfechtungen nach der Bekehrung

Der Feind hat mir Furcht eingeimpft: »Wenn du glaubst, warum gibt es dann keine stärker spürbare Veränderung?« Ich antworte (doch nicht ich): »Das weiß ich nicht. Aber das weiß ich: Ich habe jetzt Frieden mit Gott. Heute sündige ich nicht, und Jesus hat mir verboten, für den morgigen Tag zu sorgen.«

»Aber ist nicht jede Art von Furcht«, fährt der Versucher fort, »ein Beweis dafür, dass du nicht glaubst?« Ich wünschte, dass mein Meister für mich antwortete, und öffnete sein Buch an der Stelle, an der Paulus schreibt »außen Kämpfe, innen Furcht« (2. Kor. 7,5). Dann, so folgere ich, mag ruhig Furcht in mir sein; aber ich muss weitergehen und sie bezwingen.

Schutz durch Gottes machtvolle Gnade

Gepriesen sei deine Güte, gnädiger Gott, der du uns deinen Willen geoffenbart hast.

Gepriesen sei deine Macht, Herr, der du durch deine Apostel Wunder gewirkt hast, um den Glauben an dich zu bestätigen, und der du unsere Herzen dazu bewegt hast, an ihm festzuhalten. Herr, wie sicher und ruhig leben Menschen, die deine Gnade vor Schuld bewahrt! Ihre Tage verstreichen ruhig wie der Schatten des Zeigers an einer Sonnenuhr. Ihre Stimmung ist gelassen und ausgeglichen und folgt ihren inneren Gesetzen wie Ebbe und Flut.

Will sich aber wilde Leidenschaft Bahn brechen und Zugang finden, dann sende herab deine machtvolle Gnade, dass sie uns stärke und diese ruhelosen und aufrührerischen Kräfte in die Schranken weise. Regiere du all unsere Sinne, dass sie unseren Verstand nicht verführen, und lenke alle Regungen unseres Herzens. Vollende das Werk, das du begonnen hast, und lass unsere Gefühle und Wünsche zu Dienern deiner Gnade werden.

Amen.

Alles ist Gnade

Aller Segen, den wir von Gott empfangen, entspringt allein aus seiner Gnade, seinem Großmut und Wohlwollen. Es ist seine freie, unverdiente Gnade, ganz und gar unverdiente Gnade. Der Mensch hat nicht den geringsten Anspruch auf Gottes Erbarmen. Es war freie Gnade, die den Menschen aus dem Staub der Erde formte, ihm eine lebendige Seele einhauchte, seiner Seele den Stempel der Gottebenbildlichkeit aufdrückte und ihm alles unterstellte. Diese freie Gnade währt heute noch und gibt uns Leben und Atem und alle Dinge. Denn es gibt nichts, was wir sind oder haben oder tun, mit dem wir uns auch nur eine Kleinigkeit bei Gott verdienen könnten.

Gott wirkt in uns, was er verlangt

Die umfassende und uneingeschränkte Verheißung, die für den ganzen neuen Bund gilt, »Ich will mein Gesetz in ihr Herz geben und in ihren Sinn schreiben«, verwandelt alle Gebote in Verheißungen. Das Gebot, »ein jeder sei gesinnt, wie Jesus Christus auch war«, ist zugleich eine Verheißung. Wir dürfen nun mit Recht erwarten, dass er in uns wirken will, was er von uns verlangt.

*

Gnade ist die Quelle, Glaube die Bedingung des Heils.

Förderung geistlichen Lebens

Ich habe nur ein Ziel vor Augen: Ich will den lebendigen praktischen Glauben fördern, so weit ich dazu fähig bin, und durch die Gnade Gottes das göttliche Leben in den Menschen hervorbringen, bewahren und vermehren.

*

Selbst ein Mensch mit geringen Begabungen – was kann er nicht alles tun, wenn er von Glaube und Liebe erfüllt ist.

*

Immer trage ich diese Frage in meinem Herzen: Was soll ich tun, um aus meinem kurzen Leben das Beste zu machen?

Eins ist Not

Die meisten Menschen verlieren sich in der Unrast des Lebens mit seiner Arbeit und seinem Vergnügen. Sie scheinen zu denken, ihre Erneuerung, ihr neues Wesen entstehe und entwickle sich in ihnen, ohne dass sie sich irgendwelche Mühe oder eigene Gedanken zu machen hätten – so ähnlich wie ihre Körper nach der Zeugung sich quasi wie von selbst zu ihrer vollen Kraft und Größe entwickelt haben.

Tatsächlich ist aber nichts gewisser als dies: Der Heilige Geist wird unser Wesen nur läutern, wenn wir die Impulse des Geistes sorgsam aufnehmen. Sie gehen aber verloren, wenn wir mit unnützen Dingen »unsere Zeit vergeuden« – wie die Propheten es ausdrücken –, wenn wir unsere geistliche Entwicklung unbeachtet lassen und so das eine vernachlässigen, auf das es ankommt.

Sei aktiv!

Sei aktiv! Gib der Trägheit oder Faulheit keinen Raum! Gib anderen keinen Anlass zu sagen: »Du bist faul, du bist faul!« Viele werden es trotzdem sagen, aber widerlege diese Verleumdung durch deine ganze Einstellung und durch dein Verhalten. Sei immer tätig, verliere keine Sekunde Zeit, nutze auch kurze verbleibende Augenblicke, damit nichts verloren geht! Was dir vor die Hände kommt, das tu mit aller deiner Kraft!

Sei »langsam zum Reden« (Jakobus 1,19) und bedenke, was du sagst! »Wo viele Worte sind, da geht's ohne Sünde nicht ab.« Rede nicht viel, auch nicht zu lange! Nur wenige Menschen können länger als eine Stunde ein nützliches Gespräch führen. Halte dich fern von allem frommen Geschwätz, von religiösem Klatsch!

Neues Leben durch Christus

Bevor der Mensch wiedergeboren ist, hat er, geistlich gesprochen, Augen und kann doch nicht sehen. Ein dicker undurchdringlicher Schleier liegt über ihm. Er hat Ohren und kann doch nicht hören. Er ist völlig taub für das, was er am dringendsten hören sollte. Auch seine anderen geistlichen Sinne sind verschlossen. Es ist so, als hätte er sie nicht.

Deshalb weiß er nichts von Gott und hat keine Beziehung zu ihm. Er kennt ihn überhaupt nicht. Er hat kein wahres Wissen von göttlichen Dingen, nicht von geistlichen und nicht von ewigen. Er ist zwar ein lebendiger Mensch, aber ein toter Christ.

Sobald er jedoch wiedergeboren ist, ist das alles völlig anders. Nun kann man mit Recht sagen, dass er lebt. Gott hat ihn durch seinen Geist lebendig gemacht, und so lebt er durch Jesus Christus für Gott. Er lebt ein Leben, von dem die Welt nichts weiß, ein Leben »verborgen mit Christus in Gott« (Kol. 3,3).

Gebet

Mach uns frei von den Sorgen dieser Welt, von allem Misstrauen gegenüber dem gnädigen Handeln Gottes, von allem Murren über etwas, das uns gerade widerfährt. Mach uns fähig, dir in allen Dingen Dank zu sagen und darauf zu vertrauen, dass alles weise geordnet ist und letztlich zu unserem Besten zusammenwirken wird.

In deine Hände befehlen wir Leib und Seele, die du bis heute gnädig bewahrt hast.

Zugleich, unser Gott, bitten wir dich um das Wohl der ganzen Welt. Habe Mitleid mit den Torheiten der Menschen. Erlöse sie von ihrem Elend und vergib ihnen ihre Sünden. Höre das Schreien von allen Enden der Schöpfung und führe die Menschen zur herrlichen Freiheit der Kinder Gottes.

Amen.

Trage das Kreuz,
und es wird dich tragen.

Ehre und Macht und Preis
der Liebe, die uns schuf,
in Gottes Liebe leben wir,
hört alle unsern Ruf:
Kommt, Engel, stimmt mit ein,
dankt Gott mit eurem Lied,
die Erde jubelt laut vor Freud,
der Himmel jubelt mit.

Dir geben wir uns hin,
dem fleischgewordnen Wort,
denn deine Gnade ist für uns
ein sichrer Zufluchtsort.
Für Sünder ist sie da,
vom Himmel kam sie her;
sie ruft: Erlösung ist bei Gott,
denn Gottes Lamm ist er.

Heilige, dient dem Herrn
und lobet Gottes Kraft,
es ist der Geist der Heiligkeit,
der neue Herzen schafft.
Der Geist der Liebe schenkt
uns Freude allezeit.
Die Engel beten staunend an:
o große Seligkeit!

In seiner Liebe bleibt,
die ihr auf Erden preist
gemeinsam mit dem Himmelsheer
den Vater, Sohn und Geist.
Wenn alle Welt vergeht
und Gottes Glanz erscheint,
dann werden alle Heiligen
in seinem Lob vereint.

2. 3. 1791 Todestag von John Wesley

Wege für Gottes Gnade

Unter Gnadenmitteln verstehe ich äußere Zeichen, Worte oder Handlungen. Es sind die normalen, von Gott eingesetzten und dazu bestimmten Wege, auf denen er den Menschen die vorlaufende, rechtfertigende und heiligende Gnade schenkt. Die wichtigsten Gnadenmittel sind das Gebet, sei es im Kämmerlein oder in der großen Gemeinde, das Forschen in der Schrift und der Empfang des Heiligen Abendmahls. Von diesen glauben wir, dass sie von Gott eingesetzte Wege sind, auf denen er üblicherweise den Seelen der Menschen seine Gnade vermittelt.

Ich gründe alle meine Grundsätze auf die Heilige Schrift und auf den gesunden Menschenverstand.

Dein Wort ward meine Speise, sooft ich's empfing, und dein Wort ist meines Herzens Freude und Trost; denn ich bin ja nach deinem Namen genannt, Herr, Gott Zebaoth. Darum spricht der Herr: Wenn du dich zu mir hältst, so will ich mich zu dir halten, und du sollst mein Prediger bleiben. Und wenn du recht redest und nicht leichtfertig, so sollst du mein Mund sein. Sie sollen sich zu dir kehren, doch du kehre dich nicht zu ihnen! Denn ich mache dich für dies Volk zur festen, ehernen Mauer. Wenn sie auch wider dich streiten, sollen sie dir doch nichts anhaben; denn ich bin bei dir, dass ich dir helfe und dich errette, spricht der Herr, und ich will dich erretten aus der Hand der Bösen und erlösen aus der Hand der Tyrannen.
Jeremia 15, 16+19–21

Der Mann eines Buches

Ehrlichen, vernünftigen Menschen gegenüber scheue ich mich nicht, die innersten Gedanken meines Herzens offen darzulegen.

Ich denke, ich bin ein Geschöpf für einen Tag, ein Pfeil, der durch das Leben schießt. Ich bin ein Geist, der von Gott kommt und zu Gott zurückkehrt, schwebend über dem Abgrund. Noch einige Augenblicke, und ich bin nicht mehr. Dann falle ich in die unwandelbare Ewigkeit. Darum will ich nur eines wissen: den Weg zum Himmel und wie ich zu jenen seligen Ufern gelange.

Gott hat sich selbst herabgelassen, diesen Weg zu lehren. Dazu kam er vom Himmel. Das hat er in ein Buch geschrieben. –

Gib mir dies Buch! Um jeden Preis gib mir Gottes Buch! – Ich habe es. Hier ist genug Wissen für mich. Ich will der Mann eines Buches sein – homo unius libri.

Hören

Hier bin ich, weitab von der Geschäftigkeit der Menschen, in der Stille, mit Gott allein. In seiner Gegenwart öffne ich, lese ich sein Buch, um den Weg zum Himmel zu finden. Gibt es Zweifel über das, was ich lese? Erscheint mir irgend etwas dunkel oder verworren? Ich erhebe mein Herz zu dem Vater des Lichtes: »Herr, hast du nicht gesagt: Wenn jemand unter euch Weisheit mangelt, der bitte Gott? Ich will deinen Willen tun, lass mich ihn erkennen!« – Dann suche und überdenke ich parallele Stellen der Schrift; und so deute ich geistliche Dinge durch Geistliches. Mit dem Einsatz meines ganzen Verstandes tue ich dies aufmerksam und ernsthaft. Wenn noch Zweifel bleiben, befrage ich die, die in göttlichen Dingen erfahren sind, und dann auch die Schriften derer, die zu uns reden, auch wenn sie schon tot sind. –

Was ich auf diese Weise lerne, das lehre ich auch.

Richtig oder falsch

Nach welchem Maßstab sollen die Menschen beurteilen, was richtig und was falsch ist? Wodurch soll ihr Gewissen geleitet werden?

Der christliche Maßstab für richtig oder falsch ist das Wort Gottes. Das sind die Schriften des Alten und des Neuen Testamentes, alles, was die Propheten und die »heiligen Männer der alten Zeit, getrieben vom heiligen Geist«, geschrieben haben. Alle Schrift ist von Gott eingegeben und »nützlich zur Lehre«, »zur Korrektur« des Irrtums und »zur Erziehung und Einübung in der Gerechtigkeit«.

Die Schrift ist unsres Fußes Leuchte und ein Licht auf allen unsern Wegen (vgl. Ps. 119,105). Ein Christ hält nichts für gut, was in ihr nicht direkt vorgeschrieben ist oder aus ihr abgeleitet werden kann. Er hält nur das für böse, was in ihr ausdrücklich oder durch unbestreitbare Schlussfolgerungen verboten ist. Was also die Schrift nicht verbietet oder vorschreibt, betrachtet ein Christ als neutral, weder als gut noch böse an sich. Dies ist die vollständige und einzige Regel, von der sein Gewissen in allen Dingen geleitet wird.

Wie erfahre ich Gottes Willen?

Wie soll ein nachdenklicher Christ den Willen Gottes erkennen? Nicht, indem er auf übernatürliche Träume wartet; nicht, indem er von Gott erwartet, dass er seinen Willen in Visionen offenbart; nicht, indem er besondere Wahrnehmungen oder plötzliche Gemütsbewegungen erwartet. Nein, sondern indem er Gottes Wort, Gesetz und Zeugnis befragt. Das ist die übliche Weise, Gottes heiligen und wohlgefälligen Willen zu erkennen.

*

Halte dich genau an deine Richtschnur, das Wort Gottes, an deinen Führer, den Geist Gottes, und hab keine Sorge, du könntest zu viel von ihm erwarten.

In der Bibel forschen

Wer Gottes Gnade ersehnt, soll auf sie warten, indem er in der Schrift forscht. Die Anweisung unseres Herrn für den Gebrauch dieses Gnadenmittels ist eindeutig. »Suchet in der Schrift, denn sie weist auf mich hin«, sagt er zu den Juden, die nicht an ihn glauben (Joh. 5,39). In der Schrift sollen sie forschen, damit sie zum Glauben finden. Am Beispiel der Menschen in Beröa sehen wir den göttlichen Segen, der auf dem Gebrauch dieses Gnadenmittels liegt (Apg. 17,10–13). Nachdem sie den Apostel Paulus gehört hatten, »forschten sie täglich in der Schrift, ob sich's so verhielte. So kamen viele zum Glauben«. Auf die von Gott bestimmte Weise erlangten sie die Gnade. Wahrscheinlich ist allerdings, dass bei einigen, die »das Wort ganz willig aufnahmen«, »der Glaube aus dem Hören kam«, wie Paulus an anderer Stelle sagt, und durch das Lesen der Schrift nur bestätigt wurde. So gehören zum »Forschen in der Schrift« das Hören, das Lesen und das Nachsinnen.

Zwei Seiten einer Medaille

Wir sollten begreifen, dass überhaupt kein Gegensatz zwischen Gesetz und Evangelium besteht. Es gibt keinen Grund für die Annahme, das Gesetz müsse weichen, um dem Evangelium Platz zu machen. In der Tat tritt keines von beiden an die Stelle des anderen, sondern sie stimmen völlig überein. Ja, dieselben Worte sind, von verschiedenen Blickpunkten her betrachtet, Teil des Gesetzes wie auch des Evangeliums. Werden sie als Gebote aufgefasst, so sind sie Teil des Gesetzes. Versteht man sie als Verheißung, gehören sie zum Evangelium. Wird etwa der Satz »Du sollst Gott, deinen Herrn, lieben von ganzem Herzen« als Gebot aufgefasst, ist er ein Teil des Gesetzes. Betrachtet man ihn als Verheißung, ist er ein wesentlicher Bestandteil des Evangeliums. Das Evangelium ist ja nichts anderes als die Darstellung der Gebote des Gesetzes in der Form der Verheißung. Folglich sind die Armut des Geistes, die Reinheit des Herzens und was sonst im heiligen Gesetz Gottes befohlen wird, nichts anderes als viele große und kostbare Verheißungen, wenn man sie im Licht des Evangeliums betrachtet.

Bibel und Vernunft

Ich gründe alle meine Grundsätze auf die Heilige Schrift und auf gesunden Menschenverstand. In dem Maß, in dem sie damit übereinstimmt, achte ich menschliche Autorität.

*

Wenn du kein Buch außer der Bibel brauchst, hast du es weiter gebracht als Paulus. Er brauchte auch andere.

*

Ich kann nur immer wieder die Beobachtung wiederholen, in der mich meine Erfahrung mehr und mehr bestärkt, dass die, die der Bibel nicht glauben, allem möglichen Glauben schenken.

Bibelauslegung

Es ist eine feststehende Regel bei der Bibelauslegung, dass man niemals von dem klaren, wörtlichen Sinn abweicht, es sei denn, es läge ein innerer Widerspruch vor.

*

Verlaß dich nie auf Visionen oder Träume, auf plötzliche Eingebungen oder auf irgendwelche andere starke Impulse. Denke daran: Nicht durch solche Dinge sollst du den Willen Gottes in einer bestimmten Situation erfahren, sondern indem du schlicht und einfach die Aussagen der Heiligen Schrift auf deine Lage beziehst. Dabei stehen dir Erfahrung und Verstand zur Verfügung, und der Geist Gottes wird dich unterstützen.

Versäumt keine Gelegenheit, das Sakrament zu empfangen. Alle, die das missachtet haben, haben es zu ihrem Schaden getan. Die meisten von ihnen sind so tot wie Steine. Deshalb seid in dieser Sache beständig, nicht nur, um Vorbilder zu sein, sondern auch um eurer Seelen willen.

Der Herr Jesus, in der Nacht, da er verraten ward, nahm er das Brot, dankte und brach's und sprach: Das ist mein Leib, der für euch gegeben wird; das tut zu meinem Gedächtnis. Desgleichen nahm er auch den Kelch nach dem Mahl und sprach: Dieser Kelch ist der neue Bund in meinem Blut; das tut, sooft ihr daraus trinkt, zu meinem Gedächtnis. Denn sooft ihr von diesem Brot esst und aus diesem Kelch trinkt, verkündigt ihr den Tod des Herrn, bis er kommt.
1. Korinther 11, 23b – 26

Vorbereitung auf das Abendmahl

Um das Wesen des Herrenmahles verstehen zu können, ist es hilfreich, sorgfältig die Abschnitte in den Evangelien und im 1. Korintherbrief zu lesen, die von seiner Einsetzung handeln. Sie sagen uns, dass dieses Sakrament die ständige Erinnerung an den Tod Christi zum Ziel hat. Das geschieht, indem wir das Brot essen und den Wein trinken; sie sind die äußeren Zeichen für die inwendige Gnade, für den Leib und das Blut Christi.

Für alle, die das Herrenmahl empfangen möchten, ist es sehr ratsam, dass sie sich die Zeit nehmen, sich durch Selbstprüfung und Gebet auf dies heilige Sakrament vorzubereiten. Aber unbedingt notwendig ist diese Vorbereitung nicht. Wenn wir keine Zeit dazu haben, sollten wir darauf achten, dass wir uns wie üblich vorbereiten. Dabei ist zweierlei unbedingt nötig und muss unter allen Umständen vorhanden sein: erstens der feste Vorsatz des Herzens, alle Gebote Gottes zu halten, und zweitens das ernste Verlangen, all seiner Verheißungen teilhaftig zu werden.

Nahrung für die Seele

So wie unser Leib durch Brot und Wein gestärkt wird, so stärken die Zeichen des Abendmahls, Leib und Blut Christi, unsere Seele. Diese Nahrung für die Seele gibt uns Kraft, unsere Pflicht zu tun, und bringt uns weiter auf dem Weg zur Vollkommenheit. Wenn es uns überhaupt um das klare Gebot Christi zu tun ist, wenn wir nach Vergebung unserer Sünde verlangen, wenn wir Kraft zum Glauben, zur Liebe und zum Gehorsam gegenüber Gott haben möchten, dann sollten wir keine Gelegenheit auslassen, das Abendmahl zu empfangen.

Wenn wir sagen, dass das Abendmahl auf das Gebot Christi zurückgeht, dann kann niemand christliche Frömmigkeit für sich beanspruchen, der es nicht so oft wie möglich empfängt.

Nach der Schrift ist ein Mensch, der nie fastet, ebenso wenig auf dem Weg zum Himmel wie derjenige, der nie betet.

Das ist's aber, was ihr tun sollt: Rede einer mit dem andern Wahrheit und richtet recht, schafft Frieden in euren Toren, und keiner ersinne Arges in seinem Herzen gegen seinen Nächsten, und liebt nicht falsche Eide; denn das alles hasse ich, spricht der Herr. Und es geschah des Herrn Zebaoth Wort zu mir: So spricht der Herr Zebaoth: Die Fasten des vierten, fünften, siebenten und zehnten Monats sollen dem Hause Juda zur Freude und Wonne und zu fröhlichen Festzeiten werden. Doch liebet Wahrheit und Frieden!
Sacharja 8, 16–19

Maßlosigkeit bringt um

Es gibt mehrere Ursachen oder Gründe für das Fasten. Einer davon ist, dass sich viele von denen, die Gott fürchten, zutiefst bewusst sind, wie oft sie durch den Missbrauch erlaubter Dinge gegen ihn gesündigt haben. Sie wissen, wie oft sie durch übermäßiges Essen gesündigt und Gottes heiliges Gebot zu Enthaltsamkeit und Nüchternheit übertreten haben. Sie wissen, wie sie ihren sinnlichen Begierden nachgegeben und dabei vielleicht gar ihre leibliche Gesundheit ruiniert, sicherlich aber ihre Seele in nicht geringem Maße verwundet haben. Denn dadurch haben sie die muntere Narrheit beständig genährt und vergrößert, auch die Leichtigkeit des Gemüts, die Leichtfertigkeit des Charakters, die lustig anmutende Unaufmerksamkeit gegenüber Dingen von größter Bedeutung, die Unbeständigkeit und Sorglosigkeit des Geistes, die nichts anderes sind als Trunkenheit der Seele. Das hat all ihre edelsten Fähigkeiten abgestumpft wie ein Übermaß an Wein oder starken Getränken. Doch wenn sie Gott fürchten, so bekämpfen sie die Ursache, um die Auswirkung zu vermeiden. Sie halten sich fern von allem Übermaß, sie enthalten sich soweit wie möglich dessen, was sie beinahe ins ewige Verderben gestürzt hätte. Oft enthalten sie sich völlig und sind stets sorgsam darauf bedacht, zurückhaltend und mäßig in allen Dingen zu sein.

Das Fasten ist nicht alles, aber auch nicht nichts

Bei keinem Gnadenmittel haben sich die Menschen mehr in Extreme verrannt als bei dem religiösen Fasten, von dem unser Herr gesprochen hat. Einige haben das Fasten weit höher bewertet, als es von Schrift und Vernunft her geboten ist. Andere dagegen haben es völlig missachtet und, als müssten sie Rache nehmen, es ebenso unterbewertet, wie es die andern überbewertet haben. Die einen haben vom Fasten gesprochen, als wäre es das alles Entscheidende – wenn nicht das Ziel selbst, so doch unaufgebbar damit verknüpft. Die andern meinten, das Fasten habe keinerlei Bedeutung und es sei eine fruchtlose Mühe, die überhaupt keine Beziehung zum Ziel des Glaubens habe. Die Wahrheit liegt sicher dazwischen. Das Fasten ist nicht alles, aber auch nicht nichts. Es ist nicht das Ziel selbst, aber ein kostbares Mittel, das dorthin führt, ein Mittel, das Gott selbst eingesetzt hat, durch das er uns gewiss seinen Segen geben will, wenn es richtig gebraucht wird.

*

Ein wichtiger Grund für das Fasten ist auch, dass es eine Hilfe zum Beten ist, vor allem wenn wir längere Zeiten für das Gebet vorsehen. Besonders dann gefällt es Gott, die Seelen derer, die ihm dienen, über alles Irdische zu erheben und sie manchmal gleichsam in den dritten Himmel zu entrücken.

Ohne Nahrung kann kein Kind, ohne persönliches Gebet keine Seele wachsen.

Meine Seele ist stille zu Gott, der mir hilft. Denn er ist mein Fels, meine Hilfe, mein Schutz, dass ich gewiss nicht fallen werde. Wie lange stellt ihr alle einem nach, wollt alle ihn morden, als wäre er eine hangende Wand und eine rissige Mauer? Sie denken nur, wie sie ihn stürzen, haben Gefallen am Lügen; mit dem Munde segnen sie, aber im Herzen fluchen sie. Aber sei nur stille zu Gott, meine Seele; denn er ist meine Hoffnung. Er ist mein Fels, meine Hilfe und mein Schutz, dass ich nicht fallen werde. Bei Gott ist mein Heil und meine Ehre, der Fels meiner Stärke, meine Zuversicht ist bei Gott. Hoffet auf ihn allezeit, liebe Leute, schüttet euer Herz vor ihm aus; Gott ist unsre Zuversicht.
Psalm 62, 2–9

Sei nicht nachlässig im Gebet!

Nachlässigkeit im geistlichen Leben lässt es in unserer Seele dunkel werden; und das beginnt sehr häufig mit der Vernachlässigung des persönlichen Gebetes. Dieser Mangel kann durch keine andere geistliche Übung ausgeglichen werden. Nirgendwo tritt so deutlich wie hier zutage, dass göttliches Leben in der Seele nicht länger möglich ist, geschweige denn zunehmen kann, wenn wir nicht alle Möglichkeiten der Gemeinschaft mit Gott nutzen und unsere Herzen vor ihm ausschütten. Wenn wir darin nachlässig sind und zulassen, dass unser Beruf, unser Umgang mit anderen Menschen oder irgendeine andere Beschäftigung uns von dieser Übung im Verborgenen abhält, dann wird unser geistliches Leben mit Sicherheit langsam verfallen. Dasselbe geschieht, wenn wir dies nur hastig, oberflächlich oder gleichgültig tun; und wenn wir lange oder häufig mit dem Gebet aussetzen, wird jedes geistliche Leben allmählich absterben.

Sieh auf und empfange einen frischen Zustrom der Gnade!

Wie lieb sind mir deine Wohnungen, Herr Zebaoth! Meine Seele verlangt und sehnt sich nach den Vorhöfen des Herrn; mein Leib und Seele freuen sich in dem lebendigen Gott. Der Vogel hat ein Haus gefunden und die Schwalbe ein Nest für ihre Jungen – deine Altäre, Herr Zebaoth, mein König und mein Gott. Wohl denen, die in deinem Hause wohnen; die loben dich immerdar. Ein Tag in deinen Vorhöfen ist besser als sonst tausend. Ich will lieber die Tür hüten in meines Gottes Hause als wohnen in der Gottlosen Hütten. Denn Gott der Herr ist Sonne und Schild; der Herr gibt Gnade und Ehre. Er wird kein Gutes mangeln lassen den Frommen. Herr Zebaoth, wohl dem Menschen, der sich auf dich verlässt!
Psalm 84, 2 – 5 + 11 – 13

Gottes Tag

»Sechs Tage sollst du arbeiten. Aber der siebente Tag ist der Sabbat des HERRN, deines Gottes.« Es ist nicht dein, sondern Gottes Tag. Er beansprucht ihn für sich selbst. Er hat ihn immer für sich beansprucht, seit Anbeginn der Welt. »In sechs Tagen hat der HERR Himmel und Erde gemacht und ruhte am siebenten Tag. Darum segnete der HERR den Sabbattag und heiligte ihn.« Das heißt, er machte ihn heilig, er behielt ihn sich für den Gottesdienst vor. Er bestimmte: Solange Sonne, Mond, Himmel und Erde bestehen, sollen die Menschen diesen Tag als Gottesdienst begehen für den, der »ihnen Leben und Atem und alles gab.«

*

Kommt, lasst uns hinaufgehen zum Haus unseres Gottes, wo er in Wahrheit angebetet und dieser Tag mit heiliger Freude gefeiert wird. Wir wollen ihn dabei bitten, uns in seiner Gnade zu schenken, was wir brauchen, und wir wollen seine Freigebigkeit preisen, die uns so vieles schenkt. Amen.

Über den Gottesdienst

Beginne den Gottesdienst pünktlich und ziehe ihn nicht unnötig in die Länge. Geh in der Predigt auf die Fragen ein, die die Zuhörer bewegen. Entwickle deine Gedanken in guter, logischer Folge. Vermeide ausgefallene Wörter und Redewendungen, auch wenn sie gerade in Mode sind.

*

Wenn Methodisten singen, dann räkeln sie sich nicht oder sitzen dabei in ungehöriger Haltung. Sie singen nicht schleppend und sich mühsam die einzelnen Worte abringend. Sie stehen vielmehr vor Gott und preisen ihn fröhlich und guten Mutes.

Über das Singen

Sing die Melodien genau so, wie sie [hier] gedruckt sind, ohne sie irgendwie zu verändern oder zu verbessern; wenn du sie anders gelernt hast, dann verlerne das, so schnell du kannst.

Sing alle Lieder [in diesem Buch]. Sieh zu, dass du mit der Gemeinde, so oft du kannst, zusammenkommst. Lass nicht den geringsten Grad von Schwachheit oder Müdigkeit dich daran hindern. Wenn es dir ein Kreuz ist, dann nimm es auf – und du wirst es als Segen entdecken. Sing frisch und mutig. Hüte dich zu singen, als wärst du halb tot oder im Halbschlaf. Erhebe deine Stimme vielmehr mit Macht.

Sing zurückhaltend. Brülle nicht, so dass man dich über oder neben der Gemeinde hören kann und du so den Gesamtklang zerstörst. Mühe dich darum, dass eure Stimmen sich verbinden, so dass es einen reinen Wohlklang ergibt.

Sing im Takt. Welches Tempo auch gewählt wird – sei sicher, dass du es einhältst. Renne nicht voraus und bleibe nicht zurück. Achte darauf, dass du nicht zu langsam singst.

Vor allem singe geistlich. Habe Gott im Blick bei jedem Wort, das du singst. Dein Ziel sei es, ihm mehr zu gefallen als dir selbst oder irgend einem anderen Geschöpf. Deshalb wende deine ganze Aufmerksamkeit dem Sinn dessen zu, was du singst, und achte darauf, dass dein Herz nicht mit dem Klang weggetragen sondern beständig Gott zum Opfer dargebracht wird.

Die beste Frucht wächst unter dem Kreuz.

Es standen aber bei dem Kreuz Jesu seine Mutter und seiner Mutter Schwester, Maria, die Frau des Klopas, und Maria von Magdala. Als nun Jesus seine Mutter sah und bei ihr den Jünger, den er lieb hatte, spricht er zu seiner Mutter: Frau, siehe, das ist dein Sohn! Danach spricht er zu dem Jünger: Siehe, das ist deine Mutter! Und von der Stunde an nahm sie der Jünger zu sich.
Johannes 19, 25-27

Warum es Sünde in der Welt gibt

Warum gibt es Sünde in der Welt? Weil der Mensch nach dem Bilde Gottes geschaffen wurde. Er ist nicht bloße Materie, ein Erdklumpen, ohne Sinn oder Verstand, sondern ein Geist wie sein Schöpfer. Er ist ein Wesen, das nicht nur mit Sinn und Verstand ausgerüstet ist, sondern auch mit einem Willen, der sich in verschiedenen Gemütsbewegungen äußert. Um dieser Schöpfung die Krone aufzusetzen, wurde er mit Freiheit ausgestattet, mit der Kraft, seine eigenen Wünsche und Taten zu steuern, mit der Fähigkeit, sich selbst zu bestimmen und zwischen Gut und Böse zu wählen. Ja, wäre der Mensch nicht mit dieser Fähigkeit ausgerüstet worden, wäre alles andere nutzlos. Wäre er kein freies und intelligentes Wesen, hätte er so wenig von Heiligung oder irgendeiner Tugend verstanden wie ein Baum oder ein Marmorblock. Er hat also diese Macht, Gut oder Böse zu wählen, und er hat das Böse gewählt. Deshalb gibt es Sünde in der Welt.

Ein dankbares Herz

Wer Hoffnung in Christus und dadurch Unsterblichkeit hat, sagt Gott in allen Dingen Dank. Er weiß, dass in allem, was ihm widerfährt, der Wille Gottes in Christus Jesus für ihn zum Ausdruck kommt. Von ihm nimmt er darum fröhlich alles an und sagt: »Der Wille Gottes ist gut, ob er gibt oder nimmt, gepriesen sei der Name des Herrn.« Denn er hat gelernt, sich genügen zu lassen, wie es ihm auch gehen mag.

Ob es ihm gut geht oder er Schmerzen leidet, ob er gesund ist oder krank, ob im Leben oder im Sterben, er dankt dem von Herzen, der alles zum Guten wendet. Er weiß ja: »Alle gute Gabe kommt von oben herab« (Jak. 1,17).

Vom Vater des Lichts kann also nur Gutes kommen. Seiner Hand, der Hand des treuen Schöpfers, hat er sich mit Leib und Seele anvertraut. Er »sorgt sich darum um nichts« (Phil. 4,6), sondern »wirft alle Sorge auf ihn, der für ihn sorgt« (1. Petr. 5,7). Er findet in allen Dingen seine Ruhe in Gott, wenn er »seine Bitten mit Danksagung vor ihn gebracht hat« (Phil. 4,6).

*

Prüfungen sind nichts als verkleidete Segnungen.

Was Gott jetzt tut, wirst du später einmal verstehen. Dann wirst du sehen, dass er alles recht gemacht hat.

Dennoch bleibe ich stets an dir; denn du hältst mich bei meiner rechten Hand, du leitest mich nach deinem Rat und nimmst mich am Ende mit Ehren an. Wenn ich nur dich habe, so frage ich nichts nach Himmel und Erde. Wenn mir gleich Leib und Seele verschmachtet, so bist du doch, Gott, allezeit meines Herzens Trost und mein Teil. Denn siehe, die von dir weichen, werden umkommen; du bringst um alle, die dir die Treue brechen. Aber das ist meine Freude, dass ich mich zu Gott halte und meine Zuversicht setze auf Gott den Herrn, dass ich verkündige all dein Tun.
Psalm 73, 23–28

Gottvertrauen

Es ist leicht, Gott zu vertrauen, wenn wir ihn sehen können, wenn der Weg überschaubar vor uns liegt. Aber ihm zu vertrauen, wenn wir auf allen Seiten eingeschlossen sind und keinen Fluchtweg erkennen können, das ist gut und angenehm vor Gott.

*

Ein echter Protestant glaubt an Gott, vertraut völlig seiner Barmherzigkeit, fürchtet ihn mit kindlicher Furcht und liebt ihn von ganzer Seele. Er dient Gott im Geist und in der Wahrheit. Er dankt ihm für alles. Er ruft zu ihm mit Herz und Mund zu jeder Zeit und an jedem Ort. Er ehrt seinen heiligen Namen und sein Wort und dient ihm treu alle Tage seines Lebens.

(Aus einem Brief an einen Katholiken)

Fest im Herrn

An der Universität hatte ich viele Schüler. Ich habe mir viel Mühe mit ihnen gegeben. Aber mit welchem Erfolg? Was ist inzwischen aus ihnen geworden? Wie viele von ihnen denken noch an ihren Lehrer oder an ihren Gott? – Gott sei gepriesen! Ich habe einige Schüler gehabt, bei denen sich meine Arbeit gelohnt hat. Nun »lebe ich«, denn »ihr steht fest in dem Herrn« (1. Thess. 3,8).

*

Welche Feinde du auch immer hast, es ist genug, dass du einen Freund hast, der mächtiger ist als sie alle. Lass ihn allein in deinem Herzen regieren.

Mut des Glaubens

Mr. Gardon, dem ich viele freundliche und großzügige Gefälligkeiten verdanke, hatte mich gebeten zu predigen. Dafür wählte ich als Text die Tageslesung: »Alles, was von Gott geboren ist, überwindet die Welt.« (1. Joh. 5,4) Gegen die schlichte Darstellung des christlichen Glaubens, die sich aus diesen Worten für mich ergab und die doch eine große Wahrheit ist, wandte ein gebildeter Mann von großem Ansehen mit allem Ernst ein: »Wenn dies das Christsein ausmacht, dann muss ein Christ mehr Mut haben als Alexander der Große.«

Gebet in der Passionszeit

Jesus, arm und niedrig, unbekannt und verachtet, hab Erbarmen mit mir, und hilf mir, mich deiner Nachfolge nicht zu schämen.

Jesus, gehasst, verdammt und verfolgt, hab Erbarmen mit mir, und lass mich keine Angst davor haben, dir ähnlich zu werden.

Jesus, verraten und für einen schändlichen Preis verkauft, hab Erbarmen mit mir, und mache mich bereit, wie mein Meister zu werden.

Jesus, gelästert, angeklagt und zu unrecht verurteilt, hab Erbarmen mit mir, und lehre mich, den Widerspruch der Sünder zu ertragen.

Jesus, gekleidet in ein Gewand der Anklage und Schande, hab Erbarmen mit mir, und lass mich nicht meine eigene Ehre suchen.

Jesus, beleidigt, verspottet und bespuckt, hab Erbarmen mit mir, und lass mich den Lauf, der vor mir liegt, mit Geduld vollenden.

Jesus, zum Kreuz gezerrt, gegeißelt und in Blut gebadet, hab Erbarmen mit mir, und lass mich im Feuer der Heimsuchung nicht kleinmütig werden.

Jesus, mit Dornen gekrönt und mit Spottgesängen gegrüßt, Herr Jesus, beladen mit unseren Sünden und dem Fluch, der auf uns Menschen lag, hab Erbarmen mit mir.

Jesus, beschimpft, misshandelt, geschlagen, von

Verletzungen, Schmerzen und Demütigungen überwältigt, habe Erbarmen mit mir.

Jesus, der du am Fluchholz hängst, das Haupt neigst und den Geist aufgibst, hab Erbarmen mit mir, und mache mich deinem heiligen, demütigen und leidenden Geist gleich.

Amen.

Jeder, der glaubt,
sollte sich des Lebens freuen.

1 April

Kommt, alle, kommt zu Gottes Fest,
zu dem er euch jetzt laden lässt.
Kein Mensch soll nun noch draußen stehn,
zum Mahl des Herrn kann jeder gehen.

Kommt, nehmt an Gottes Festmahl teil,
erfahrt in Christus euer Heil
und schmeckt die Güte unsres Herrn:
Esst Brot, trinkt Wein; er gibt es gern.

Komm auch mit deiner Sünde Last.
du bist willkommen, du bist Gast
an seinem Tisch, wer du auch bist,
weil er dich liebt und nicht vergisst.

Bedenkt es stets in eurem Sinn:
Er gab sein Leben für euch hin!
Gerecht seid ihr durch seine Tat,
nehmt an, was er verheißen hat.

Entscheidet euch, sagt heute: Ja.
Die angenehme Zeit ist da.
Folgt heute freudig seinem Ruf,
lebt dem, der neues Leben schuf.

Wer wollte in unserer Zeit für einen geringeren Zweck leben als Gott zu dienen?

Darum, liebe Brüder, bemüht euch desto mehr, eure Berufung und Erwählung festzumachen. Denn wenn ihr dies tut, werdet ihr nicht straucheln, und so wird euch reichlich gewährt werden der Eingang in das ewige Reich unseres Herrn und Heilands Jesus Christus.
2. Petrus 1, 10–11

Entscheide dich!

Präge dir diese Grundsätze tief ins Herz hinein: Das Ewige hat viel größere Bedeutung als das Zeitliche, das Unsichtbare ist genauso wirklich wie das Sichtbare, und davon, wie du dich jetzt entscheidest, hängt dein ewiges Leben ab. Wähle Christus und seinen Weg, und du bist für alle Zeit gesegnet; weise ihn zurück, und es ist für immer um dich geschehen.

Darum: Entscheide dich!
Geh entweder zur Rechten oder zur Linken. Stell dir beide Möglichkeiten auch mit ihren Auswirkungen vor Augen: Christus und sein Joch, sein Kreuz und seine Krone oder den Teufel mit seinen Schätzen, seinen Vergnügungen, aber auch mit seinem Fluch. Und wenn du siehst, was vor dir steht, dann frage dich: Was wirst du tun? Was willst du, die Krone oder den Fluch? Wählst du die Krone, musst du von nun an bereit sein, das Kreuz und das Joch auf dich zu nehmen, den Dienst und die Leiden Christi, die dazugehören.

Was sagst du? Würdest du lieber die Vorteile und Annehmlichkeiten der Sünde haben wollen und den Weg des Fluchs gehen? Oder wirst du dich ganz in den Dienst Christi stellen und dir so die Krone sichern?

Letzter Weckruf

Es gibt zwei unabdingbare Voraussetzungen dafür, dass ein Sünder zu Christus kommen kann:

Tiefes Wissen von seiner Sünde und von seinem Elend sowie völlige Hoffnungslosigkeit, wenn er sich auf sich selbst oder auf etwas anderes außer Christus verlässt.

Niemand wird seinen Erlöser anerkennen, der sich nicht selbst als Sünder sieht. Der Gesunde braucht keinen Arzt. Die Sünde mit all ihrer Verderbtheit und Abscheulichkeit verbirgt sich vor den Augen des Sünders. Aber der Geist Gottes reißt diese Decke weg und lässt die Sünde als Sünde erkennbar werden. Er macht offenbar, dass all die Götter des Sünders Teufel sind; er bringt die Finsternis und den Schmutz der Sünde ans Licht; er lässt den Sünder erkennen, wie beschmutzt und verabscheuungswürdig er ist. In dem allen bringt Gottes Geist die Schuld der Sünde zum Vorschein und versetzt den Sünder in Furcht und Unruhe. Dies ist für einen schläfrigen Sünder so etwas wie ein letzter Weckruf vor dem höllischen Abgrund.

Letzte Rettung

Wenn einem Sünder die eigene Sünde oder seine Gefährdung bewusst geworden ist, wird er nach Hilfe oder Befreiung Ausschau halten. Aber er wird überall sonst suchen, bevor er auf Christus schaut. Er wird versuchen, seine Sünden aufzugeben, er wird sich vornehmen, von seiner Trunksucht abzulassen und nüchtern zu werden oder sein ehebrecherisches Verhalten zu ändern und keusch zu werden, um so vielleicht davonzukommen. Er wird zu Gebetsstunden, Predigt- und Abendmahlsgottesdiensten gehen, um darin Erlösung für sich zu finden. Aber so nützlich das alles an sich ist – wenn der Sünder nicht mehr sucht, findet er darin keine Hilfe. Seine eigene Gerechtigkeit kann ihm nicht helfen. Sie ist wie ein Fetzen, mit dem er sich nicht bedecken kann. Seine Pflichterfüllung kann ihm nicht helfen, sie vermehrt vielleicht sogar seine Sünden. Riten und Ordnungen können nicht helfen. Sie sind wie leere Zisternen. Alles sagt ihm: Du klopfst an die falsche Tür. Bei uns gibt es keine Erlösung.

Wenn er sich nun in dieser Notlage befindet, treibt ihn seine Verzweiflung zur einzigen Quelle der Hoffnung, die noch bleibt. Christus ist ihm erst jetzt willkommen, denn er sieht, dass allein Christus ihm helfen kann.

Das Tor zum Leben

Christus ist für einen Sünder die einzige Quelle der Hoffnung. Er sieht ein, dass nur Christus ihm helfen kann. Alle anderen Türen sind ihm verschlossen. Es gibt keine andere Hoffnung auf Rettung als durch diese eine noch offene Tür.

Es ist wie in einer belagerten Stadt, in der jedes Tor verbarrikadiert und in der nur ein beschwerlicher enger Durchgang offen geblieben ist. Durch ihn könnte ein Entkommen möglich sein. Zu ihm strömen die Menschen, um ihr Leben zu retten. Zu diesem Tor wären sie nie gekommen, wenn es irgend einen anderen Ausweg gegeben hätte.

So wird weder Christus angenommen, noch kann der Sünder von ihm angenommen werden, solange er nicht alle anderen Stützen lässt und Christus allein vertraut.

Hingabe

Christus hat viele Dienste, die getan werden müssen; einige sind leicht, andere sind schwer; einige bringen Ehre, andere Spott; einige entsprechen unseren Neigungen und Begabungen, andere widersprechen ihnen. In einigen können wir Christus und uns selbst gefallen; in anderen können wir Christus nur gefallen, wenn wir uns selbst verleugnen.

Er wird uns Kraft geben, alles zu erfüllen. Deshalb wollen wir uns erneut Gott hingeben, auf seine Verheißungen vertrauen und uns auf seine Gnade verlassen.

Ohne Vorbehalte

Es ist nötig, dass ihr euch Zeit nehmt und euch darüber klar werdet, was es euch kostet, Diener Christi zu sein, dass ihr euch einen gründlichen Überblick verschafft, worum es beim Christsein geht, und dass ihr euch nicht Hals über Kopf auf etwas Ungewisses einlasst.

Prüft, was Christus von euch erwartet, und dann stellt euch ganz unter seinen Willen, ohne an eine Vermischung mit euren eigenen Vorstellungen auch nur zu denken, denn das ist nicht statthaft.

Geht zu Christus und sagt ihm: Herr Jesus, wenn du mich in dein Haus aufnehmen willst, wenn du mich als deinen Diener annimmst, werde ich nicht an meinen Vorstellungen festhalten. Stell mir deine Bedingungen, lege mir deine Vertragsklauseln vor, befiehl mir, was du willst, stelle mich dorthin, wo du es als gut und richtig ansiehst. Aber lass mich unter das Dach deines Hauses kommen, lass mich dein Diener sein, verfüge über mich nach deinem Willen. Ich will nicht länger mir gehören, sondern überlasse mich in allen Dingen deinem Willen.

Überlass dich ganz Christus

Christus wird dir deinen Platz und deinen Rang zuweisen, ob er nun höher oder niedriger ist, ob es dir gut geht oder ob du leidest. Gib dich damit zufrieden, dass Christus beides, deine Arbeit und deine Situation bestimmt, dass er so oder so über dich verfügt.

Mir geschehe nach deinem Willen, Herr; stelle mich, wohin du willst, lass mich ein Gefäß aus Silber oder Gold, aus Holz oder Stein sein, damit ich ein Gefäß der Ehre sein kann, aus welchem Metall oder in welcher Form auch immer, ob hoch oder niedrig, edel oder unansehnlich, ich bin damit zufrieden. Wenn ich nicht Kopf, Auge oder Ohr sein kann, also eines der angesehenen und geachteten Organe, dann lass mich eine Hand oder ein Fuß sein, von allen Dienern meines Herrn der erbärmlichste, geringste und niedrigste.

Ich gehöre nicht mehr mir, sondern dir.
Stelle mich, wohin du willst;
stelle mich, zu wem du willst.
Lass mich wirken, lass mich dulden.
Brauche mich für dich, oder stelle mich für dich beiseite.
Erhöhe mich für dich, erniedrige mich für dich.
Lass mich erfüllt sein, lass mich leer sein.
Lass mich alles haben, lass mich nichts haben.

In freier Entscheidung und von ganzem Herzen überlasse ich alles deinem Willen und Wohlgefallen.

Amen.

Freut euch an allem, was der Ehre Gottes dient und Frieden und Freundlichkeit unter den Menschen fördert.

Freuet euch in dem Herrn allewege, und abermals sage ich: Freuet euch! Eure Güte lasst kund sein allen Menschen! Der Herr ist nahe! Sorgt euch um nichts, sondern in allen Dingen lasst eure Bitten in Gebet und Flehen mit Danksagung vor Gott kund werden! Und der Friede Gottes, der höher ist als alle Vernunft, bewahre eure Herzen und Sinne in Christus Jesus.
Philipper 4, 4–7

Geschenkte Freude

Christliche Freude ist Freude im Gehorsam – Freude daran, dass wir Gott lieben und nach seinen Geboten leben. Wir halten seine Gebote nicht so, als ob wir dadurch die Forderung des Gesetzes erfüllen oder durch irgendein Werk oder unsere eigene Gerechtigkeit bewirken könnten, dass Gott uns vergibt und annimmt. Uns ist ja bereits vergeben, und wir sind durch die Barmherzigkeit Gottes in Jesus Christus angenommen. Wir halten seine Gebote nicht so, als müssten wir durch unseren eigenen Gehorsam unser Leben sichern, das Leben aus dem Sündentod; auch das ist uns schon durch Gottes Gnade geschenkt. Uns, »die wir tot waren in Sünden, hat er lebendig gemacht« (Eph. 2,5), und nun »leben wir für Gott durch unsern Herrn Jesus Christus« (Röm. 6,11). Wir freuen uns, dass wir im Bund der Gnade unser Leben in heiliger Liebe und in fröhlichem Gehorsam führen können. Voller Freude wissen wir, dass »wir die Gnade Gottes nicht vergeblich empfangen haben« (2. Kor. 6,1). Gott hat uns aus freien Stücken mit sich versöhnt. So gehen wir den Weg seiner Gebote in der Kraft, die er uns gegeben hat.

Glaube an Christus

Glaube an Christus ist nicht bloß eine Sache des Denkens oder der Vernunft, nicht eine lebensleere Zustimmung, nicht eine Kette von Vorstellungen im Kopf – er ist auch eine Einstellung des Herzens.

Darin unterscheidet sich dieser Glaube von dem der Apostel während der Erdentage Jesu, dass er die Notwendigkeit und das Verdienst seines Todes und die Kraft seiner Auferstehung anerkennt. Er bejaht Jesu Tod als einzig ausreichendes Mittel, die Menschen vom ewigen Tod zu erlösen; er erkennt seine Auferstehung als die Wiederherstellung unseres Lebens und unserer Unsterblichkeit an.

So ist der christliche Glaube nicht nur eine Zustimmung zum gesamten Evangelium Christi, sondern auch völliges Vertrauen auf das Verdienst seines Lebens, seines Todes und seiner Auferstehung, ein Ruhen in ihm, der unsere Sühne und unser Leben ist, gegeben für uns und lebendig in uns.

Glaube ist das feste Vertrauen eines Menschen auf Gott, darauf, dass durch das Verdienst Christi seine Sünden vergeben sind und er mit Gott versöhnt ist. Folglich bedeutet Glaube, nahe bei dem zu sein, der unsere »Weisheit und Gerechtigkeit, unsere Heiligung und Erlösung« ist (1. Kor. 1,30), mit einem Wort: unser Heil.

Osterlied

Christ, der Herr, ist auferstanden, halleluja,
sagt es laut in allen Landen, halleluja,
Siegesjubel hoch erschallt, halleluja,
Erd und Himmel widerhallt. Halleluja.

Was im Stalle hat begonnen, halleluja,
ist im Felsengrab gewonnen, halleluja,
Leben aus der Ewigkeit, halleluja,
überwindet Tod und Zeit. Halleluja.

Christus lebt, es sollen leben, halleluja,
die sich ihm im Glauben geben, halleluja,
und in seinen Händen ruhn. Halleluja.
Tod, wo ist dein Stachel nun? Halleluja.

Großer König, dir zum Preise, halleluja,
machen wir auf viele Weise, halleluja,
aller Welt mit frohem Mund, halleluja,
deinen Retternamen kund: Halleluja!

Freude für alle

Glaube ist Liebe, Frieden und Freude im Heiligen Geist. Er ist die fröhlichste und heiterste Sache der Welt. Er ist völlig unvereinbar mit Griesgrämigkeit, Missmut, Hartherzigkeit und allem, was nicht der Sanftmut, Güte und Freundlichkeit Jesu entspricht.

*

Gutes aller Art ist dem Christen eine Freude – wo immer er es bei den Menschen findet. Als Weltbürger geht es ihm auch um das Glück aller ihrer Bewohner.

Liebe zur Freiheit ist die Zierde sterblicher Wesen.

Zur Freiheit hat uns Christus befreit! So steht nun fest und lasst euch nicht wieder das Joch der Knechtschaft auflegen! In Christus Jesus gilt der Glaube, der durch die Liebe tätig ist. Das ganze Gesetz ist in einem Wort erfüllt, in dem: Liebe deinen Nächsten wie dich selbst! Regiert euch der Geist, so seid ihr nicht unter dem Gesetz. Die Frucht des Geistes ist Liebe, Freude, Friede, Geduld, Freundlichkeit, Güte, Treue, Sanftmut, Keuschheit.
Galater 5, 1–23 a (Auswahl)

Freiheit

Wo keine Freiheit besteht, da kann es auch das moralisch Gute oder Böse nicht geben, die Tugend ebenso wenig wie das Laster. Es gibt die Tugend nur da, wo ein intelligentes Wesen weiß, was gut ist, es liebt und sich dafür entscheidet; und auch das Laster gibt es nur da, wo ein solcher Mensch weiß, was das Böse ist, es liebt und sich dafür entscheidet.

*

Es gibt nur einen Weg zum Sieg: Überwinde deine Begierde – und du wirst deine Furcht überwinden. Solange du ein Sklave bist, bist du auch ein Feigling. Darum sei frei, sonst kannst du nicht kühn sein. Bete beständig.

Überlege selbst

Manchmal fragen wir: »Wie soll ich in diesem oder jenem Fall wissen, was Gottes Wille ist? Die betreffende Sache ist an und für sich belanglos und deshalb in der Schrift nicht ausdrücklich behandelt worden.« Ich antworte darauf: »Die Schrift gibt dir aber eine allgemeingültige Regel, die auf alle Einzelfälle anwendbar ist: Der Wille Gottes ist unsere Heiligung.« Er will, dass wir innerlich und äußerlich heilig sein sollen, dass wir in jeder Weise und soweit wie irgend möglich gut sein und gut handeln sollen. Damit stehen wir auf festem Grund. Das ist so klar wie der Sonnenschein. Wenn wir also den Willen Gottes in einem Einzelfall wissen wollen, brauchen wir nur diese allgemeingültige Regel anzuwenden.

Freiheit, die Gott gibt

Ich biete jeder Freiheit Trotz – außer der Freiheit, Gott zu lieben und ihm zu dienen; und ich fürchte keine Gebundenheit außer der Gebundenheit an die Sünde.

*

Gottes Weisheit zeigt sich darin, dass er die Natur des Menschen nicht zerstört, wenn er ihn erlöst, und dass er die Freiheit nicht wegnimmt, die er ihm gegeben hat.

Gib Gott alles, was du hast.

Jesus setzte sich dem Gotteskasten gegenüber und sah zu, wie das Volk Geld einlegte in den Gotteskasten. Und viele Reiche legten viel ein. Und es kam eine arme Witwe und legte zwei Scherflein ein; das macht zusammen einen Pfennig. Und er rief seine Jünger zu sich und sprach zu ihnen: Wahrlich, ich sage euch: Diese arme Witwe hat mehr in den Gotteskasten gelegt als alle, die etwas eingelegt haben. Denn sie haben alle etwas von ihrem Überfluss eingelegt; diese aber hat von ihrer Armut ihre ganze Habe eingelegt, alles, was sie zum Leben hatte.
Markus 12, 41–44

Erwirb, so viel du kannst 1

Die erste Regel ist: »Erwirb, so viel du kannst.« Hier können wir die Sprache und Denkweise der Kinder dieser Welt benutzen. Es ist unsere unerlässliche Pflicht, soviel wie möglich zu erwerben. Voraussetzung ist dabei, dass wir das Geld nicht zu teuer kaufen, nicht mehr dafür bezahlen, als es wert ist. Wir sollen Geld nicht auf Kosten des Lebens erwerben, noch (was in Wirklichkeit auf dasselbe hinausläuft) auf Kosten unserer Gesundheit. Deshalb sollte uns keinerlei Gewinn dazu bringen, ein Arbeitsverhältnis zu akzeptieren, unter dem unsere Gesundheit leidet. Wir sollten auch keine Beschäftigung ausüben, die uns keine ausreichende Zeit zum Essen und Schlafen lässt. Freilich gibt es hier große Unterschiede. Manche Beschäftigungen sind ganz und gar ungesund. Andere Beschäftigungen mögen nicht grundsätzlich gesundheitsschädigend sein, sondern nur für Menschen mit schwacher Konstitution. Wir dürfen uns dem nicht einfach fügen, was Vernunft und Erfahrung als zerstörerisch für Gesundheit oder Körperkraft aufdecken. Wir wissen doch: »Das Leben ist mehr als die Nahrung und der Leib mehr als die Kleidung.« Sind wir bereits in solch einer Arbeit tätig, so sollten wir sobald wie möglich in eine andere wechseln. Wir sollten es tun, um unsere Gesundheit zu bewahren, selbst wenn wir dadurch weniger verdienen.

Erwirb, so viel du kannst 2

Wir sollen so viel wie möglich erwerben, aber dabei weder unserer Seele noch unserem Körper schaden. Wir müssen auf alle Fälle eine gesunde innere Ausgeglichenheit bewahren. Deshalb dürfen wir uns auf kein sündiges Gewerbe einlassen oder Geschäfte weiter betreiben, die dem Gesetz Gottes oder unseres Landes zuwider sind. Dazu gehören die, bei denen wir um die gesetzlichen Abgaben und Zölle betrügen. Das ist nämlich ebenso eine Sünde, wie unsere Mitbürger zu berauben.

Es gibt andere Gewerbe, die sind zwar legal, können aber nicht mit gutem Gewissen betrieben werden. Das sind zum Beispiel Arbeiten, bei denen der schlechte Verdienst zu Lug und Trug verleitet oder bei denen man sich auf Geschäftspraktiken einlässt, die mit einem guten Gewissen unvereinbar sind.

Erwirb, so viel du kannst 3

Wir sollen soviel wie möglich erwerben, aber ohne unserem Nächsten zu schaden. Denn das dürfen und können wir nicht tun, wenn wir »unseren Nächsten lieben wie uns selbst«. Wir dürfen nicht den Ertrag seiner Ländereien oder sogar seine Grundstücke und Häuser an uns reißen durch Glücksspiel, überhöhte Rechnungen (zum Beispiel für ärztliche Hilfe, Rechtsbeistand oder anderes) oder durch verbotene Wucherzinsen. Auch das ganze Pfandleihwesen ist verboten. Es widerspricht auch der brüderlichen Liebe, unsere Ware unter dem Marktpreis zu verkaufen, um das Gewerbe unseres Nächsten zugrunde zu richten und so das eigene zu fördern. Noch weniger dürfen wir seine Arbeiter, auf die er doch angewiesen ist, abwerben und bei uns einstellen. Niemand kann das Vermögen seines Nächsten an sich reißen, ohne sich die höllische Verdammnis einzuhandeln!

Erwirb, so viel du kannst 4

Wer einen weltlichen Beruf ausübt, muss die erste und wichtigste Regel christlicher Weisheit im Blick auf das Geld beachten: »Erwirb, so viel du kannst.« Erwirb alles, was du durch ehrlichen Fleiß erwerben kannst. Arbeite in deinem Beruf mit aller Sorgfalt. Verliere keine Zeit! Wenn du dich selbst und dein Verhältnis zu Gott und Menschen verstehst, dann weißt du, dass du keine Zeit zu verlieren hast. Wenn du deinen Beruf so verstehst, wie du sollst, so wirst du keine Zeit übrig haben. Jede Aufgabe wird genug Arbeit für jeden Tag und jede Stunde bringen. Wenn du diese Regel ernst nimmst, wird dir an deinem Platz für törichte, unnütze Zerstreuung keine Muße bleiben. Du hast immer etwas Besseres zu tun, das dir mehr oder auch weniger Nutzen bringen wird. »Was immer deine Hand zu tun findet, das tu mit all deiner Kraft.« Tu es so bald wie möglich. Nur keine Verzögerung! Kein Aufschieben von Tag zu Tag oder Stunde zu Stunde! Lass nie etwas bis morgen liegen, was du heute tun kannst! Mach es so gut wie möglich! Schlafe oder gähne nicht dabei! Widme der Arbeit deine ganze Kraft! Spare keine Mühe! Tu nichts halb oder nachlässig und oberflächlich! Unterlass in deinem Beruf nichts, was du mit Anstrengung oder Geduld zuwege bringen kannst!

Erwirb, so viel du kannst 5

Erwirb in deinem Beruf so viel du kannst mit deinem vollen gesunden Menschenverstand, den Gott dir gegeben hat. Es ist erstaunlich, wie wenige dies tun, wie viele auf den ausgetretenen Pfaden ihrer Vorfahren dahintrotten. Aber was immer Menschen tun, die Gott nicht kennen – für dich ist das nicht maßgebend. Es ist eine Schande für einen Christen, wenn er sie nicht in allem übertrifft, was er in die Hand nimmt. Du solltest ständig dazulernen: aus eigener und fremder Erfahrung, aus Lesen und Nachdenken, um alles, was du zu tun hast, heute besser zu machen als gestern. Sorge dafür, dass du in die Praxis umsetzt, was du lernst, damit du alles aufs beste ausnützt, was dir zur Verfügung steht.

Spare, so viel du kannst

Hast du durch rechtschaffene Klugheit und unermüdlichen Fleiß so viel erworben, wie du kannst, so lautet die zweite Regel der christlichen Haushalterschaft: »Spare, so viel du kannst.« Wirf die kostbare Gabe nicht ins Meer, überlass diese Torheit heidnischen Philosophen. Wirf sie nicht weg durch unnütze Ausgaben, was dasselbe ist, wie sie ins Meer zu werfen. Gib nichts davon aus, nur um dem Verlangen des Fleisches, dem Verlangen der Augen oder dem Stolz des Lebens nachzugeben (vgl. 1. Joh. 2,16). Die tägliche Erfahrung lehrt: Je mehr man seinen Wünschen nachgibt, desto größer und zahlreicher werden sie.

*

Wer für sich und seine Familie genug Geld zum Leben, ja sogar Geld für einige Annehmlichkeiten hat und dann noch etwas für die Bedürftigen erübrigt, der ist in Wahrheit ein reicher Mann.

Gib, so viel du kannst 1

Wenn jemand nur so weit kommt, dass er »erwirbt und spart, so viel er kann«, dann aber stehen bleibt, bilde er sich nicht ein, dass er schon etwas geleistet hätte. All dies bedeutet noch gar nichts, wenn er nicht weiter geht und alles auf ein höheres Ziel ausrichtet. Man kann von jemandem nicht sagen, er spare etwas, wenn er sein Geld nur aufhäuft. Du kannst es genau so gut ins Meer werfen oder in der Erde vergraben, in deiner Schatzkiste oder in der Bank von England aufbewahren. Nicht gebrauchen heißt soviel wie verschleudern. Wenn du dir wirklich »Freunde mit dem ungerechten Mammon machen« willst, dann füge die dritte Regel zu den beiden vorigen hinzu. Hast du, erstens, alles erworben und, zweitens, alles gespart, was du konntest, dann gib, drittens, alles, was du kannst.

Bedenke: Als der Herr des Himmels und der Erde dich ins Dasein rief, setzte er dich in dieser Welt nicht als Eigentümer, sondern als Verwalter ein. Damit vertraute er dir verschiedene Güter auf Zeit an. Aber das alleinige Eigentumsrecht bleibt bei ihm und kann nie von ihm genommen werden. Wie du selbst nicht dir gehörst, sondern ihm, so ist auch alles, was du besitzt, Gottes Eigentum. Er hat dir ganz klar und deutlich gesagt, wie du es für ihn verwenden sollst, damit es ein heiliges, durch Jesus Christus wohlgefälliges Opfer ist; und er hat versprochen, diesen leichten, einfachen Dienst mit ewiger Herrlichkeit zu belohnen.

Gib, so viel du kannst 2

Tu Gutes nach deinen finanziellen Möglichkeiten! Gib, wozu dich Gott fähig macht! Wenn du nicht unter bedrückendem Mangel leidest, so gib etwas, und du wirst deswegen nicht ärmer sein. Tu es nicht widerwillig! Hab keine Angst, dass du zu kurz kommst! Leihe dem Herrn, und er wird es dir vergelten. Wenn du wöchentlich nur drei Schillinge verdienst und davon einen Penny weggibst, wird dir nichts fehlen. Aber das sage ich nicht zu dir, der du zehn oder fünfzehn Schillinge in der Woche hast und nur einen Penny davon gibst! Das sehen zu müssen hat mich oft im Geist betrübt. Ich habe mich für dich geschämt, wenn du dich nicht selbst geschämt hast. Gib im Verhältnis zu dem, was du hast!

Gutes tun

Sich darauf zu verlassen, dass Reichtum glücklich macht, ist sicherlich die größte Torheit unter der Sonne.

*

Reichtum und Glück wohnen selten unter einem Dach.

*

Wir glauben, dass Liebe die Medizin für das Leben ist, ein unfehlbares Heilmittel für alle Übel einer in Unordnung geratenen Welt, für alles Elend und alle Laster der Menschen. Wo immer sie wirkt, da gehen Tugend und Glückseligkeit Hand in Hand.

*

Solange jemand keinen Anstoß gibt, tut er nichts Gutes. Je mehr Anstoß er aber damit erregt, dass er dem Evangelium Christi anhängt, umso mehr Gutes wird er tun. Je mehr Gutes er aber tut, umso mehr Anstoß wird er geben.

Geld als Mittel zum Zweck

Es ist sicher, dass Geschäfte getätigt werden müssen, und überall finden wir viele Menschen, die darin auf Dauer tätig sind. Gehörst du zu ihnen? Bist du in der Geschäftswelt oder in einem anderen ehrenwerten Gewerbe tätig? Ich vermute, in einem einträglichen dazu, denn du würdest nicht deine Zeit und Mühe und Sorge für nichts aufwenden. Du bist dabei, dein Glück zu machen, du verdienst Geld. Aber das ist nicht dein höchstes Ziel. Das Ansammeln von Gold und Silber ist als Selbstzweck töricht und absurd. Es ist so unsinnig wie das Sammeln von Spinnen oder Schmetterlingsflügeln. Du siehst es nur als Mittel zu einem höheren Zweck an. Und was wäre der? Vielleicht die Freude am Leben, unbelastet zu sein, Spaß zu haben, gut zu leben?

*

Ich kann der jungen Dame nicht helfen. Sie stimmt meinen Prämissen zu, hält aber an ihren eigenen Schlüssen fest. – Wer kann Reichtum ertragen? Wer kann Geld gewinnen, ohne in einem gewissen Maß Gnade zu verlieren? Ich bin ganz sicher, wäre sie so arm wie du, dann würde sie sich raten lassen.

Gebet

Gott, wir danken dir und preisen dich für deine Wohltaten, für deinen Beistand in unserem jetzigen Leben und für die Hoffnung auf die immerwährende Erlösung im kommenden.

Deine große Kraft befähige uns, dir und allen Menschen gegenüber unserer Schuldigkeit zu genügen – und dies völlig: mit Sorgfalt, Eifer, Hingabe und Beharrlichkeit. Hilf uns, mit anderen Menschen bescheiden und freundlich umzugehen und unsere Angelegenheiten besonnen und taktvoll zu regeln. So stimmen wir in allem, was uns widerfährt, mit deinen Absichten überein, sind dankbar für deine Wohltaten, geduldig bei deinen Zurechtweisungen und jederzeit bereit zu einem guten Wort und zu einer guten Tat.

Lass unsere Herzen in deiner Gnade fest verwurzelt sein, damit uns nichts in Furcht versetzt oder unsere Gewissheit ins Wanken bringt.

Amen.

Du schaust zu viel nach innen
und zu wenig nach oben.

Mit Jauchzen freuet euch:
Der Herr ist hoch erhöht.
Singt, bis die Welt vergeht,
von seinem Sieg und Reich!
Singt laut das Lied von Gottes Reich:
Der Herr ist König. Freuet euch!

Der starke Gottessohn
zerbrach der Sünde Macht.
Als er das Werk vollbracht,
bestieg er seinen Thron.
Singt laut das Lied von Gottes Reich:
Der Herr ist König. Freuet euch!

Er nahm die Himmel ein.
Die Höll und Todeswelt
sind Jesus unterstellt
und müssen's ewig sein.
Singt laut das Lied von Gottes Reich:
Der Herr ist König. Freuet euch!

Bis seinem Herrscherfuß
sich auch der letzte Feind,
der noch zu siegen meint,
zerbrochen beugen muss:
Singt laut das Lied von Gottes Reich:
Der Herr ist König. Freuet euch!

Mit Jauchzen freuet euch,
dass Jesus kommen wird.
Und die ihm dienen, führt
er in sein ewges Reich.
Freut euch, wenn die Posaune schallt.
Freut euch, der Tag des Herrn kommt bald!

Ich brüste mich nicht mit außergewöhnlichen Erkenntnissen oder Gaben des Heiligen Geistes – jedenfalls keinen, die nicht jeder Christ erbitten, erwarten und empfangen könnte und sollte.

Gott hat in der Gemeinde eingesetzt erstens Apostel, zweitens Propheten, drittens Lehrer, dann Wundertäter, dann Gaben, gesund zu machen, zu helfen, zu leiten und mancherlei Zungenrede. Sind alle Apostel? Sind alle Propheten? Sind alle Lehrer? Sind alle Wundertäter? Haben alle die Gabe, gesund zu machen? Reden alle in Zungen? Können alle auslegen? Strebt aber nach den größeren Gaben! Ich will euch einen noch besseren Weg zeigen. Wenn ich alle meine Habe den Armen gäbe und ließe meinen Leib verbrennen, und hätte die Liebe nicht, so wäre mir's nichts nütze. Nun aber bleiben Glaube, Hoffnung, Liebe, diese drei; aber die Liebe ist die größte unter ihnen.
1. Korinther 12,28–13,3 + 13,13

Die doppelte Wirkung der Gnade

Unter Gnade Gottes wird manchmal die uneingeschränkte Liebe, die unverdiente Barmherzigkeit verstanden, durch die ich Sünder um Christi willen jetzt mit Gott versöhnt bin. Aber manchmal bezeichnet Gnade eher die Kraft Gottes, den Heiligen Geist, der »in uns nach seinem Wohlgefallen beides wirkt, das Wollen und das Vollbringen«. Sobald die Gnade Gottes als vergebende Liebe unsrer Seele offenbar geworden ist, gewinnt sie als Kraft des Heiligen Geistes darin Raum. Durch Gott können wir nun tun, was für Menschen unmöglich ist. Jetzt können wir unser Leben richtig ordnen und alle Dinge im Licht und in der Kraft der Liebe tun – durch Christus, der uns stärkt.

Warum wir den Heiligen Geist brauchen

Wie alles Verdienst im Sohn Gottes liegt, in dem, was er für uns getan und gelitten hat, so liegt alle Kraft im Geist Gottes. Deshalb muss jeder, der glaubt und gerettet wird, den Heiligen Geist empfangen. Das ist wesentlich und notwendig für jeden Christen – nicht etwa, damit er Wunder tun kann, sondern damit er die ganz normalen Früchte des Geistes hervorbringt: Glauben, Frieden, Freude und Liebe.

Obwohl kein Mensch auf Erden genau erklären kann, wie der Geist Gottes in der Seele wirkt, muss doch jeder, der diese Früchte aufweist, erkennen und empfinden, dass Gott sie in seinem Herzen hervorgebracht hat. Einmal wirkt er besonders auf den Verstand ein. Er öffnet und erleuchtet ihn, wie die Schrift sagt. Er offenbart und enthüllt uns »alle Dinge, auch die Tiefen der Gottheit« (1. Korinther 2, 10). Ein andermal wirkt er auf den Willen ein. Er hält die Menschen vom Bösen zurück, neigt sie dem Guten zu und haucht ihnen gute Gedanken ein.

Wie auch immer – sicher ist, dass jeder wahre Glaube und das gesamte Heilswerk, jeder gute Gedanke, jedes gute Wort und jede gute Tat allein durch den Geist Gottes bewirkt wird.

Das Zeugnis des Geistes

Die besondere Aufgabe der sogenannten Methodisten ist es, die Lehre vom Zeugnis des Heiligen Geistes klar zu erfassen, darzulegen und zu verteidigen. Diese große Wahrheit des Evangeliums, die viele Jahre hindurch beinahe verloren und vergessen war, ist durch den besonderen Segen Gottes, der über ihnen waltete, während sie in der Schrift suchten, wieder gefunden und durch die Erfahrung der Kinder Gottes bestätigt worden.

Aber was ist das Zeugnis des Geistes? Er bezeugt uns, »dass wir Gottes Kinder sind«. Die unmittelbare Folge dieses Zeugnisses ist »die Frucht des Geistes«, nämlich »Liebe, Freude, Friede, Geduld, Freundlichkeit, Gütigkeit«. Ohne sie kann das Zeugnis nicht fortdauern.

Eine innere Erfahrung

Das Zeugnis des Geistes ist eine innere Erfahrung tief in der Seele der Gläubigen, durch die der Geist Gottes ihrem Geist unmittelbar bezeugt, dass sie Gottes Kinder sind.

Zur Bestätigung dieser biblischen Lehre muss man also die Erfahrung der Kinder Gottes heranziehen – nicht die Erfahrung von zweien oder dreien oder nur einigen wenigen, sondern von einer großen Schar, die niemand zählen kann. Sie ist in unserer Zeit wie zu allen Zeiten durch »eine Wolke von« lebenden und sterbenden »Zeugen« als wahr erwiesen und durch eure und meine Erfahrung bestätigt worden. Der Geist selbst gab Zeugnis meinem Geist, dass ich ein Kind Gottes bin. Davon gab er mir Gewissheit. Sogleich rief ich: »Abba, lieber Vater!« Und das tat ich, genau wie ihr, ehe ich über eine Frucht des Geistes nachdachte oder ihrer bewusst war. Durch dieses Zeugnis empfing ich Liebe, Freude, Frieden und alle Früchte des Geistes.

Das Zeugnis des Geistes

Es ist schwierig, in der menschlichen Sprache Worte zu finden, um die Tiefe der göttlichen Dinge auszudrücken. Tatsächlich gibt es keine Worte, die angemessen ausdrücken, was die Gotteskinder erfahren. Aber vielleicht könnte man sagen, das Zeugnis des Geistes sei ein innerer Vorgang in der Seele, wodurch der Geist Gottes meinem Geist unmittelbar bezeugt, dass ich ein Gotteskind bin. Er bezeugt, dass Jesus Christus mich geliebt und sich selbst für mich hingegeben hat, dass all meine Sünden ausgelöscht sind und ich, ja, sogar ich, mit Gott versöhnt bin.

Früchte des Geistes

Niemand meine, er könne sich mit einem Zeugnis des Geistes zufriedengeben, das ohne Frucht bleibt. Denn wenn der Geist Gottes wirklich bezeugt, dass wir Gottes Kinder sind, sind Früchte des Geistes die unmittelbare Folge: Liebe, Freude, Friede, Geduld, Freundlichkeit, Gütigkeit, Treue, Sanftmut, Keuschheit. Wie sehr auch immer diese Früchte in der Zeit starker Anfechtung vorübergehend verborgen sein mögen – das Wesentliche bleibt sogar unter der dunkelsten Wolke bewahrt. Zwar mag einem Menschen während der Stunde der Prüfung die Freude im Heiligen Geist genommen werden – in der Regel wird ihm nachher eine um so größere Freude geschenkt.

Es soll sich aber auch niemand mit einer Frucht des Geistes ohne Zeugnis zufrieden geben. Sie mag ein Vorgeschmack von Freude, Liebe, Frieden sein, keine Täuschung, sondern wirklich von Gott. Gott mag in seiner vorlaufenden Gnade sogar Geduld, Freundlichkeit, Treue, Sanftmut, Keuschheit in gewissem Maße schenken, ehe wir das Zeugnis unserer Gotteskindschaft haben. Aber es ist nicht ratsam, dabei stehen zu bleiben. Tun wir es, so gefährden wir unsere Seele. Sind wir aber klug, so rufen wir unaufhörlich zu Gott, bis sein Geist in unserem Herzen ruft: »Abba, lieber Vater!« Das ist das Vorrecht aller Gotteskinder. Ohne dies können wir nie gewiss sein, dass wir seine Kinder sind. Ohne dies haben wir keinen bleibenden Frieden und können Verwirrung durch Zweifel und Furcht nicht vermeiden.

Die Taufe rettet uns jetzt, wenn wir unser Leben als Antwort darauf führen, Buße tun, glauben und dem Evangelium gehorchen. In diesem Falle gewährt sie uns jetzt den Eintritt in die Kirche und einst in die Herrlichkeit.

Die elf Jünger gingen nach Galiläa auf den Berg, wohin Jesus sie beschieden hatte. Und als sie ihn sahen, fielen sie vor ihm nieder; einige aber zweifelten. Und Jesus trat herzu und sprach zu ihnen: Mir ist gegeben alle Gewalt im Himmel und auf Erden. Darum gehet hin und machet zu Jüngern alle Völker: Taufet sie auf den Namen des Vaters und des Sohnes und des heiligen Geistes und lehret sie halten alles, was ich euch befohlen habe. Und siehe, ich bin bei euch alle Tage bis an der Welt Ende.
Matthäus 28, 16–20

Taufe

Manche denken, dass der Taufmodus für die Rettung eines Menschen entscheidend sei. Ich dagegen sage, dass nicht einmal die Taufe selbst nötig ist! Wäre sie es, so müsste jeder Quäker verloren gehen, aber das kann ich ganz und gar nicht glauben. Um es klar zu sagen: Nur eins ist heilsnotwendig, die Gesinnung, die in Jesus Christus war. Ich wünschte, ihr Eifer würde sich auf etwas Besseres richten als auf die Frage, ob jemand untergetaucht oder besprengt wird.

Ich kann es vor Gott nicht verantworten, auch nur ein wenig meiner kostbaren Zeit zu verschwenden. Jede Stunde davon kann ich verwenden, um seine Liebe unter den Menschen auszubreiten. Sollte ich stattdessen diese oder jene Form kirchlicher Handlungen anfechten oder verteidigen? Ich bin zu einem anderen Dienst berufen. Mein Dienst soll nicht Anglikaner oder Baptisten hervorbringen, sondern Christen, Menschen mit Glauben und Liebe.

Kein Christsein ohne Gemeinschaft

Ich möchte zeigen, dass das Christentum seinem Wesen nach eine Gemeinschaftsreligion ist. Wer es zu einer Religion des einzelnen macht, zerstört es in Wirklichkeit. Unter Christentum verstehe ich die Art der Anbetung Gottes, die den Menschen durch Jesus Christus geoffenbart worden ist. Wenn ich das Christentum eine Gemeinschaftsreligion nenne, so meine ich damit nicht nur, dass es ohne Gemeinschaft nicht so gut bestehen kann, sondern dass es ohne sie überhaupt nicht bestehen kann. Christen können ohne Gemeinschaft und Umgang mit anderen nicht leben. Wenn das so ist, dann ist die Verkehrung des Christentums in eine Religion des einzelnen zweifellos seine Zerstörung.

Liebe zur Kirche

Jeder Christ sollte sich mit großem Eifer für die Kirche einsetzen, ihr große Liebe entgegenbringen und ihr Wohlergehen und Wachstum wünschen. Mit dem gleichen Eifer sollte er für die Kirche in aller Welt unaufhörlich beten, besonders für die Gemeinde, zu der er als Kirchenglied gehört. Deshalb soll er im Gebet mit Gott ringen und sich zugleich mit allen Mitteln bemühen, ihren Wirkungsbereich auszuweiten und seine Brüder zu stärken. Den größten Eifer aber verwende er auf die Liebe, die Königin aller Gnadengaben, die höchste Vollkommenheit auf Erden, das wahre Ebenbild des unsichtbaren Gottes bei den Menschen hier unten wie bei den Engeln droben. Denn Gott ist Liebe, und wer in der Liebe bleibt, der bleibt in Gott und Gott in ihm.

Einheit in Vielfalt

Ich glaube nicht, dass die Kirche von England oder die sogenannten Methodisten oder irgendeine andere bestimmte Gemeinschaft unter dem Himmel »die wahre Kirche Christi« ist. Denn die gibt es nur einmal, und zu ihr gehören alle wahrhaft Glaubenden auf der ganzen Erde. Für mich ist jede Gemeinschaft wahrhaft Glaubender ein Zweig der einen wahren Kirche Christi.

*

Den wahren Glauben auf die zu beschränken, die zu uns gehören, zeigt eine Enge des Geistes, die wir vermeiden, ja verabscheuen sollten.

Kirchenzugehörigkeit

Jeder Christ muss zwar, weil es in der Natur der Sache liegt, Glied einer bestehenden Gemeinde, einer Kirche sein. Doch kann niemand durch irgendeine Macht auf Erden außer durch sein eigenes Gewissen dazu gezwungen werden, einer bestimmten Gemeinde oder einer bestimmten Form des Gottesdienstes den Vorzug zu geben. Ich weiß wohl, dass man im allgemeinen meint, der Ort unserer Geburt bestimme die Kirche, zu der wir gehören sollten. Danach sollte jemand, der in England geboren wird, der sogenannten »Kirche von England« angehören und deshalb Gott in der von dieser Kirche vorgeschriebenen Weise anbeten. Ich selbst habe früher diesen Standpunkt mit Eifer verfochten. Heute aber sehe ich viele Gründe, die meinen Eifer dämpfen. Ich fürchte, diese Auffassung ist mit Schwierigkeiten verbunden, die kein denkender Mensch überwinden kann. Eine davon – und nicht die kleinste – ist folgende Tatsache: Die Reformation hätte uns nie von der Papisterei befreit, wenn diese Regel gegolten hätte, denn sie zerstört völlig das Recht auf ein selbständiges Urteil, auf dem die ganze Reformation beruht.

Offen für alle

Es gibt keine andere Religionsgemeinschaft unter dem Himmel, die bei der Aufnahme nichts anderes verlangt, als den Wunsch des Menschen, seine Seele zu retten. Sieh dich um; du kannst nicht in die Kirche von England oder in die Gemeinschaft der Presbyterianer, der Wiedertäufer, der Quäker oder irgendeine andere aufgenommen werden, es sei denn, du vertrittst dieselben Ansichten und praktizierst dieselbe Art des Gottesdienstes wie sie. Nur die Methodisten bestehen nicht darauf, dass du diese oder jene Ansicht teilst, sondern sie »denken und lassen andere denken«. Sie verlangen keine bestimmte Form des Gottesdienstes, sondern du kannst die bisherige Art deines Gottesdienstes beibehalten, er mag sein, wie er will.

Drei Kerzen – ein Schein

Du glaubst, dass es so etwas wie Licht gibt, ob es nun von der Sonne oder von irgendeinem anderen Leuchtkörper ausgeht. Aber du kannst weder sein Wesen noch die Art und Weise seiner Ausbreitung begreifen. Wie kommt es vom Jupiter zur Erde in acht Minuten, 200000 Meilen in einem Augenblick? Wie dringen die Strahlen einer Kerze, die in ein Zimmer gebracht wurde, augenblicklich in jede Ecke? Du hast hier drei Kerzen, aber es ist nur ein Licht. Erkläre dies, und dann will ich dir die Dreieinigkeit Gottes erklären.

Das Wissen von dem dreieinigen Gott ist mit dem ganzen wahren christlichen Glauben verwoben.

Gott ist überall

Es gibt keine Stelle im Weltraum, weder innerhalb noch außerhalb der Grenzen der Schöpfung, an der Gott nicht ist.

Dies ist so gewaltig, dass es der menschliche Verstand mit seinen engen Grenzen nicht erfassen kann. Wir können nur sagen: Der große und ewige, der allmächtige Geist ist in seiner Macht, seiner Lebensdauer und seiner Kraft grenzenlos. Wir reden zwar um unseres schwachen Verstandes willen davon, dass Gott im Himmel wohnt, aber in Wirklichkeit müssen wir anerkennen, dass der Himmel aller Himmel ihn nicht fassen kann; und doch ist er in jedem Winkel seines Herrschaftsbereiches gegenwärtig. Das ganze Universum ist seine Wohnung.

Bei allen Meinungen, die nicht an die Wurzel des christlichen Glaubens gehen, gilt: Denken und denken lassen.

Ich bin der gute Hirte und kenne die Meinen, und die Meinen kennen mich, wie mich mein Vater kennt, und ich kenne den Vater. Und ich lasse mein Leben für die Schafe. Und ich habe noch andere Schafe, die sind nicht aus diesem Stall; auch sie muss ich herführen, und sie werden meine Stimme hören, und es wird eine Herde und ein Hirte werden.
Johannes 10, 14–16

Gemeinschaft im Glauben

Ich maße mir nicht an, meine Form der Glaubensausübung irgendjemand anderem aufzuzwingen. Ich denke zwar, sie ist wirklich urchristlich und apostolisch. Aber meine Überzeugung ist kein Maßstab für andere. Daher frage ich keinen, mit dem ich Gemeinschaft im Geist christlicher Liebe pflegen will: »Gehörst du zu meiner Kirche, zu meiner Gemeinde? Hältst du dieselbe Form der Kirchenleitung und dieselben kirchlichen Ämter wie ich für richtig? Verwendest du dieselbe Form des Gebetes wie ich?« Ich frage auch nicht: »Empfängst du das Heilige Abendmahl in der gleichen äußeren Haltung und Art wie ich?« Ich will auch nicht wissen, ob du mit mir in der Verwaltung der Taufe, in der Zulassung von Taufpaten, in der Taufhandlung oder in der Frage des Taufalters übereinstimmst. Ich frage nicht einmal (so sehr ich meiner eigenen Auffassung sicher bin), ob du die Taufe und das Heilige Abendmahl überhaupt anerkennst. Lass das alles vorerst beiseite! Darüber wollen wir, wenn es nötig ist, zu einer gelegeneren Zeit reden. Heute frage ich nur:

»Ist dein Herz mir gegenüber ebenso aufrichtig wie mein Herz dir gegenüber? Ich stelle keine weitere Frage. Wenn es so ist, dann gib mir deine Hand. Wegen unterschiedlicher Meinungen oder Standpunkte wollen wir das Werk Gottes nicht zerstören.

Liebst du Gott, dienst du ihm? Das genügt. Ich reiche dir die rechte Hand zum Zeichen unserer Gemeinschaft.«

Frieden stiften

Unser Ziel muss es sein, Frieden zwischen den Menschen zu stiften, die sich in Glaubensdingen streiten. Ein wichtiger Schritt auf diesem Weg wäre es, wenn wir die gutwilligen Menschen dazu brächten, einander zu verstehen. Sehr viele Auseinandersetzungen haben ihre einzige Ursache in bloßen Missverständnissen. Oft versteht keine der streitenden Parteien, was der Gegner meint. Das führt dazu, dass jeder den anderen heftig angreift, obwohl in Wirklichkeit gar kein Unterschied zwischen ihnen besteht; und doch ist es nicht immer leicht, sie davon zu überzeugen, besonders dann, wenn sie leidenschaftlich erregt sind. Aber es ist nicht unmöglich, vor allem wenn wir uns ganz auf den verlassen, dem alle Dinge möglich sind, und es nicht im Vertrauen auf uns selbst versuchen. Wie schnell kann er die Wolke verdrängen, ihre Herzen erleuchten und sie fähig machen, einander und »die Wahrheit, die in Jesus ist,« zu verstehen!

Konzentration auf das Wesentliche

Jeder kluge Mensch wird seinen Mitmenschen dieselbe Gedankenfreiheit zugestehen, die er für sich selbst beansprucht. Er wird sie ebenso wenig zu seiner Meinung zwingen, wie er zu ihrer gezwungen werden möchte. Er ist mit denen geduldig, die andere Ansichten vertreten; und wenn er mit jemandem in Liebe verbunden sein möchte, stellt er ihm nur die eine Frage: »Ist dein Herz mir gegenüber ebenso aufrichtig wie mein Herz dir gegenüber?«

*

Vor fast fünfzig Jahren gab mir Dr. Potter, damals Erzbischof von Canterbury, ein bedeutender und guter Mann, einen Rat, für den ich Gott immer wieder dankbar war: »Wenn du wirklich nützlich sein willst, dann verschwende deine Zeit und Kraft nicht damit, für oder gegen Dinge zu kämpfen, die grundsätzlich strittig sind. Vielmehr kämpfe gegen offenkundige Laster und setze dich für die so wichtige Heiligung ein!«

Verschiedene Sprachen

Es stimmt: Nicht alle Gläubigen sprechen die gleiche Sprache. Aber das sollte auch gar nicht von ihnen erwartet werden; es wäre ein unbilliges Verlangen. Tausend Umstände können dazu geführt haben, dass sie sich in ihrer Ausdrucksweise voneinander unterscheiden. Aber ein Unterschied im Ausdruck bedeutet noch keinen Unterschied in der Gesinnung. Verschiedene Menschen können unterschiedliche Ausdrücke gebrauchen und doch die gleiche Meinung haben. Andere mögen sich sowohl in ihren Meinungen wie in ihrer Ausdrucksweise von uns unterscheiden und dennoch mit uns am gleichen kostbaren Glauben teilhaben.

*

Da wir doch einen Herrn, einen Glauben und eine Hoffnung unserer Berufung haben, wollen wir uns gegenseitig in der Kraft Gott stärken.

»Predige den Glauben, bis du ihn hast!«

Ich traf [am 5.und 6. März 1738] meinen Bruder in Oxford, als er sich von einer Lungenentzündung erholte. Peter Böhler [ein Geistlicher der Herrnhuter Brüdergemeine] war bei ihm. Der große Gott hatte ihn als Werkzeug benutzt, um mich am Sonntag, dem 5., klar von meinem Unglauben zu überzeugen, vom Fehlen des Glaubens, durch den allein wir gerettet werden. Sofort durchzuckte mich der Gedanke »Hör auf zu predigen! Wie kannst du anderen predigen, wenn du selbst keinen Glauben hast?« Ich fragte Böhler, ob ich es sein lassen solle oder nicht. Er antwortete: »Keinesfalls!« Ich fragte: »Aber was kann ich predigen?« Er sagte: »Predige den Glauben, bis du ihn hast, und dann wirst du den Glauben predigen, weil du ihn hast.«

Daraufhin begann ich am Montag, dem 6., die neue Lehre zu predigen, obwohl meine Seele vor dieser Aufgabe zurückschreckte. Der erste Mensch, dem ich die Erlösung allein durch den Glauben anbot, war ein Gefangener, der zum Tode verurteilt war.

Wesleys Bekehrung

Am Abend [des 24. Mai 1738] ging ich sehr widerwillig in eine Gemeinschaft in der Aldersgate-Straße, wo jemand Luthers Vorrede zum Römerbrief vorlas. Etwa eine Viertelstunde vor 9 Uhr, als die Veränderung beschrieben wurde, die Gott im Herzen durch den Glauben an Christus bewirkt, fühlte ich mein Herz auf seltsame Weise erwärmt. Ich fühlte, dass ich an Christus glaubte, an Christus allein zu meiner Rettung; und mir wurde die Gewissheit gegeben, dass er meine Sünde weggenommen hatte, ja, sogar meine, und dass er mich vom Gesetz der Sünde und des Todes errettet hat.

Ich begann, mit aller Macht für die zu beten, die mich auf besonders hässliche Weise beleidigt und verfolgt hatten. Dann bezeugte ich öffentlich vor allen, was ich jetzt zum ersten Mal in meinem Herzen fühlte. Gleich darauf redete der Feind mir ein, »das kann der Glaube nicht sein; denn wo bleibt deine Freude?« Ich wurde daraufhin belehrt, dass zum Glauben an den »Anfänger unseres Heils« (Hebräer 2,10) wesentlich Frieden und der Sieg über die Sünde gehören, dass aber die Freude, die üblicherweise den Anfang des Glaubens vor allen bei denen begleitet, die vorher sehr traurig waren, von Gott je nach seinem Willen einmal gegeben, ein andermal versagt wird.

Brücken bauen

8. Dezember 1745
An die Synode
der Böhmischen Brüder zu Marienborn

Ist es nicht der Wille unseres großen Hirten, all seine Schafe zusammenzuführen, die über die ganze Erde verstreut sind? Unser ernsthafter Wunsch ist, dass sein Wille geschieht. Dafür wollen wir alles tun, was in unserer Macht steht.

Wenn es Euer Wunsch ist, dass einige Eurer Brüder mit uns verhandeln, dann sind wir dazu bereit und freuen uns sehr darüber.

Könnten wir nicht in einem offenen und brüderlichen Gespräch feststellen, in welchen Fragen wir bereits einer Meinung sind, erwägen, welche strittigen Punkte wir zunächst auf sich beruhen lassen können, und entscheiden, wie weit wir uns einigen und wie wir Gemeinschaft miteinander halten könnten, auch wenn wir in einigen Fragen möglicherweise verschiedener Meinung sind?

Wir bitten um Eure Antwort auf diesen Vorschlag, der von Euren Euch liebenden Brüdern in Einfalt des Herzens gemacht wird.

John Wesley
Charles Wesley

Denken und denken lassen

Hüte dich, ein fanatischer Schwärmer zu sein, der andere verfolgt! Bilde dir nicht ein, Gott hätte dich berufen, Menschenleben zu zerstören, und nicht, sie zu retten. Das stünde in genauem Gegensatz zum Geist dessen, den du deinen Meister nennst. Träume niemals davon, Menschen auf Gottes Wege zu zwingen! Denke selbst und lass andere denken! Gebrauche in Glaubensdingen keinen Zwang! »Nötige« auch die am weitesten von Gottes Weg Entfernten nur mit den Mitteln von Vernunft, Wahrheit und Liebe »hereinzukommen«.

*

Ich habe mich in dieser ganzen Zeit besonders vor jener elenden Bigotterie gefürchtet, die viele überzeugt sein lässt, Gott wirke nur bei ihnen.

*

Kein lebender Mensch hat das Recht, die nichtchristliche oder die islamische Welt zu verurteilen. Es ist viel besser, sie dem anzubefehlen, der sie schuf und der der Vater aller Geister der Menschen ist. Er ist der Gott der Nichtchristen und der Christen, und er hasst nichts, was er geschaffen hat.

Das einzige Ziel

Aus einem Brief an
Dr. Gibson, Bischof von London, 1747

Entschuldigen Sie, mein Herr, dass ich sage, Sie haben die ganze Sache falsch verstanden und auf den Kopf gestellt. Ich muss das um so deutlicher sagen, als so viele in denselben Fehler verfallen sind. Das ist tatsächlich der Hauptfehler unserer erbittertsten Feinde – und war es von Anfang an.

Es ist nicht unsere Sorge, unser Bemühen oder unser Wunsch, irgendjemanden zum Proselyten zu machen. Keiner soll von einer Person zu einer anderen, noch von einer Kirche zu einer anderen oder von einer Gemeinschaft zu einer anderen bekehrt werden. Wir würden keinen Finger dafür rühren, auch nicht, um zehntausend solcher Proselyten zu machen. Aber wir möchten Menschen von der Finsternis zum Licht, von Belial zu Christus, von der Macht des Satans zu Gott bringen. Unser einziges Ziel ist, Sünder zur Buße zu bewegen.

Liebe, Lob und Gebet sind der Atem der Seele, die aus Gott geboren ist.

Ich liebe den Herrn, denn er hört die Stimme meines Flehens. Er neigte sein Ohr zu mir; darum will ich mein Leben lang ihn anrufen. Stricke des Todes hatten mich umfangen, des Totenreichs Schrecken hatten mich getroffen; ich kam in Jammer und Not. Aber ich rief an den Namen des Herrn: Ach, Herr, errette mich! Sei nun wieder zufrieden meine Seele; denn der Herr tut dir Gutes. Wie soll ich dem Herrn vergelten all seine Wohltat, die er an mir tut? Ich will den Kelch des Heils nehmen und des Herrn Namen anrufen. Ich will meine Gelübde dem Herrn erfüllen vor all seinem Volk in den Vorhöfen am Hause des Herrn, in dir Jerusalem. Halleluja!
Psalm 116 in Auswahl

Einheit in der Verschiedenheit

Wenn wir schon nicht in gleicher Weise denken können, könnten wir dann nicht wenigstens in gleicher Weise lieben? Könnten wir nicht eines Herzens sein, wenn wir schon nicht einer Meinung sind? – Zweifellos können wir das! Eine solche Einheit können alle Kinder Gottes bilden, trotz jener unbedeutenden Verschiedenheiten. Auch wenn diese bestehen bleiben, kann man sich gegenseitig in der Liebe und in guten Werken fördern.

*

Ich empfehle dir, dich auf Meinungsstreitigkeiten so wenig wie möglich einzulassen. Es ist unendlich leichter, auf diesem rauhen Feld unsere Liebe zu verlieren als die Wahrheit zu finden.

Ein gemeinsames Ziel

Durch die Kennzeichen, durch die Früchte des lebendigen Glaubens bemühen wir uns, uns von der nichtgläubigen Welt zu unterscheiden und damit auch von allen Einstellungen oder Lehren, die nicht dem Evangelium von Jesus Christus entsprechen. Aber es ist unser aufrichtiger Wunsch, uns von wirklichen Christen nicht zu unterscheiden, welcher Kirche sie auch immer angehören. Damit meine ich alle, die mit Ernst dem Ziel nachstreben, von dem sie wissen, dass sie es noch nicht erreicht haben. Es gilt: »Wer den Willen meines Vaters im Himmel tut, der ist mein Bruder, meine Schwester und meine Mutter.«

*

Es kümmert mich nicht, ob ich Papist oder Protestant genannt werde, was mich aber bekümmert ist, dass du ein Heide bist. Es steht fest, dass die Allerweltsfrömmigkeit bei den Protestanten wie bei den Katholiken nichts anderes ist als kultiviertes Heidentum.

Gebet

Allmächtiger und ewiger Gott, du höchster Herr über alle Geschöpfe im Himmel und auf Erden,

wir bekennen, dass wir mit unserem ganzen Sein und in unserem Wohlergehen von dir, der Quelle alles Guten, abhängig sind. Was wir haben, verdanken wir allein deiner großzügigen und überreichen Liebe, du hochgepriesener Schöpfer, und dem Reichtum deiner Gnade, du hochgepriesener Erlöser.

Du hast dich uns und allen deinen Geschöpfen in deiner Größe und Güte geoffenbart. Darum gebührt dir alle Ehre und aller Lobpreis, unsere ganze Liebe und unser ganzer Gehorsam, so lange wir leben. »Es ist würdig und recht, dich zu preisen und dir immer und überall zu danken, o Herr.«

In großer Ehrfurcht überlassen wir uns dir mit Seele und Leib, dass dein heiliger Wille sie vollkommen regiere und lenke.

Amen.

Gott rechtfertigt nicht die
Frommen,
sondern die Gottlosen.

Kann es denn sein, dass Gott mir gibt
ein Anrecht auf des Heilands Blut?
Starb er für mich, der ihn betrübt,
gab er sein Leben mir zugut?
O große Liebe – mein Gewinn,
du gabst dein Leben für mich hin.

Geheimnis groß: Gott selber stirbt.
Wer kann der Liebe Weg verstehn,
die mir, dem Sünder, Heil erwirbt?
Kein größres Wunder ist zu sehn.
So liebt uns Gott; drum betet an
was unser Geist nicht fassen kann.

Er kommt von seines Vaters Thron.
Nicht messbar ist der Gnade Tat.
Nur Liebe treibt den Gottessohn,
der sich für mich entäußert hat.
Unendlich frei ist Gottes Gnad,
weil sie auch mich gefunden hat.

Gefangen lag schon lang mein Geist,
gebunden in der Sünde Nacht.
Du blickst mich an – die Nacht zerreißt,
Licht leuchtet auf. Ich bin erwacht.
Die Fessel fällt, mein Herz ist frei.
Ich stehe auf und komm herbei.

Verdammnis schreckt mich seither nicht.
Ich lebe: Jesus ist nun mein.
Er ist mein Haupt und Lebenslicht.
Gerecht bin ich durch ihn allein.
Kühn fordre ich vor seinem Thron
die Krone, die durch ihn mein Lohn.

Unter Glauben verstehe ich die Liebe zu Gott und den Menschen, die das Herz erfüllt und das Leben bestimmt.

Jesus ging nach Jericho hinein und zog hindurch. Und siehe, da war ein Mann mit Namen Zachäus, der war ein Oberer der Zöllner und war reich. Und er begehrte, Jesus zu sehen, wer er wäre, und konnte es nicht wegen der Menge; denn er war klein von Gestalt. Und er lief voraus und stieg auf einen Maulbeerbaum, um ihn zu sehen; denn dort sollte er durchkommen. Und als Jesus an die Stelle kam, sah er auf und sprach zu ihm: Zachäus, steig eilend herunter; denn ich muss heute in deinem Haus einkehren. Und er stieg eilend herunter und nahm ihn auf mit Freuden. Als sie das sahen, murrten sie alle und sprachen: Bei einem Sünder ist er eingekehrt. Zachäus aber trat vor den Herrn und sprach: Siehe, Herr, die Hälfte von meinem Besitz gebe ich den Armen, und wenn ich jemanden betrogen habe, so gebe ich es vierfach zurück. Jesus aber sprach zu ihm: Heute ist diesem Hause

Heil widerfahren, denn auch er ist Abrahams Sohn. Denn der Menschensohn ist gekommen, zu suchen und selig zu machen, was verloren ist.
Lukas 19, 1 – 10

Wahrer Glaube

Der christliche Glaube ist nicht nur Zustimmung zum ganzen Evangelium Christi, sondern auch volles Vertrauen auf das Blut Christi, auf die Bedeutung seines Lebens, seines Todes und seiner Auferstehung. Dies Vertrauen stützt sich auf ihn als Sühnopfer für uns und als unser Leben, das für uns gegeben ist und in uns wirkt.

*

Wahrer Glaube zeigt sich im richtigen Verhalten gegenüber Gott und Menschen; um es in zwei Worten zu sagen: in Dankbarkeit und Wohltätigkeit. Dankbarkeit gegenüber unserem Schöpfer und höchsten Wohltäter und Wohltätigkeit gegenüber unseren Mitgeschöpfen.

Der Weg zum Leben

Für mich besteht Glaube nicht im bloßen Nachbeten vieler Morgen- und Abendgebete, die öffentlich oder privat gehalten werden. Der Glaube ist nichts, was einem sorglosen oder weltlichen Leben gelegentlich hinzugefügt wird. Vielmehr ist er eine Haltung, die die Seele gleichbleibend bestimmt, eine Erneuerung unseres Sinnes in das Bild Gottes, eine Wiederherstellung der Gottebenbildlichkeit, eine wachsende Übereinstimmung des Herzens und des Lebens mit dem Vorbild unseres allerheiligsten Erlösers.

Wenn aber Glaube so verstanden wird, wenn das der Weg zum Leben ist, den unser gepriesener Herr uns gewiesen hat, wie kann dann einem, der sich genau auf diesem Weg hält, der Vorwurf gemacht werden, er verrenne sich in Extreme?

Glaube ist kein Menschenwerk

Eine Aneinanderreihung von Meinungen ist so wenig christlicher Glaube, wie eine Schnur von Perlen christliche Heiligung ist. Christlicher Glaube ist nicht die Zustimmung zu einer bestimmten Meinung oder zu einer Vielzahl von Überzeugungen. Es mag jemand drei oder auch dreiundzwanzig Glaubensbekenntnissen zustimmen, er mag das gesamte Alte und Neue Testament anerkennen (wenigstens, soweit er es versteht) – und kann doch überhaupt keinen christlichen Glauben haben! Der Glaube, durch den man die Verheißung empfängt, zeigt sich in einem Christentum der Kraft, die durch den Allmächtigen gewirkt wird.

Glauben im christlichen Sinne heißt, im Licht der Ewigkeit zu wandeln.

Eine Herzensangelegenheit

Durch welchen Glauben werden wir gerettet? Es ist, zunächst allgemein gesagt, der Glaube an Christus. Er ist auf Christus und auf Gott durch Christus gerichtet. Darin unterscheidet er sich klar und eindeutig von dem Glauben der Heiden des Altertums und der Neuzeit. Auch vom Glauben des Teufels unterscheidet er sich darin völlig, dass er nicht nur eine Sache der rein spekulativen Vernunft ist, eine kalte, tote Zustimmung zu einem Dogma, ein Gedankengang im Kopf. Vielmehr ist er auch eine Gesinnung des Herzens. Denn die Schrift sagt: »Wenn man von Herzen glaubt, so wird man gerecht«, und: »Wenn du mit deinem Munde bekennst, dass Jesus der Herr ist, und in deinem Herzen glaubst, dass ihn Gott von den Toten auferweckt hat, dann wirst du gerettet werden.« (Röm. 10, 9.10)

Glaube ist mehr

Für uns erschöpft sich der christliche Glaube nicht im Unterlassen des Bösen oder im Tun des Guten oder im Gehorsam gegenüber Gottes Ordnungen. Viele sind irrtümlich dieser Meinung. Doch nicht einmal dies alles zusammen macht den Glauben aus. Wir wissen vielmehr aus Erfahrung, dass sich jemand viele Jahre damit abmühen kann, und am Ende hat er doch keinen wirklichen Glauben, jedenfalls nicht mehr als am Anfang. Noch weniger ist es wahrer Glaube, wenn einer nur eins der genannten Dinge oder nur einen Teil davon tut. Denn dann ginge es uns wie der Frau, die sich für tugendhaft hält, nur weil sie keine Prostituierte ist, oder dem Mann, der sich für ehrbar hält, nur weil er weder raubt noch stiehlt. Möge der Herr, der Gott meiner Väter, mich vor einem solch armseligen, verkümmerten Glauben bewahren.

»Ich weiß, woran ich glaube«

Ich musste ans andere Ende der Erde gelangen, um zu erkennen, dass ich mich vor Gott nicht rühmen kann.

Wenn jemand sagt, dass ich Glauben habe, dann antworte ich: den hatten die Apostel in Kana in Galiläa auch, als Jesus zum ersten Mal seine Herrlichkeit offenbarte. In gewisser Weise haben sie selbst damals schon an ihn geglaubt, aber das war noch nicht der Glaube, der die Welt überwindet. Der Glaube, den ich brauche, ist das gewisse und zuversichtliche Vertrauen auf Gott, dass mir durch das Verdienst Christi meine Sünden vergeben sind und ich mit Gott versöhnt bin. Ich brauche den Glauben, den Paulus aller Welt verkündete – einen Glauben, den niemand haben kann, ohne zu wissen, dass er ihn hat. Viele bilden sich allerdings ein, ihn zu haben, und haben ihn doch nicht. Wer diesen Glauben hat, ist befreit von Sünde, Furcht und Zweifel. Er hat Frieden durch Christus mit Gott. Der Geist selbst gibt Zeugnis seinem Geist, dass er ein Kind Gottes ist.

Wer auf sich selbst vertraut, wird scheitern

Denke nicht, der christliche Glaube bestehe aus äußeren Formen oder einem Pflichtenkatalog. Glaube auch nicht, dass Rechtschaffenheit, Gerechtigkeit oder alles, was man Moral nennt, den Glauben ausmache – so ausgezeichnet das alles an seinem Platz ist. Am allerwenigsten träume davon, dass Rechtgläubigkeit und richtige Auffassungen, die man gewöhnlich Glauben nennt, Frömmigkeit bedeuten.

*

Der ganze christliche Glaube ist nichts als ein Diener der Liebe.

So herrlich und edel der Glaube auch ist – er ist nicht Ziel und Zweck der Gebote. Diese Würde hat Gott allein der Liebe vorbehalten: Liebe ist das Ziel aller Gebote Gottes. Die Liebe ist das Ziel, das einzige Ziel aller Weisungen Gottes vom Anbeginn der Welt bis zur Vollendung aller Dinge. Sie wird bestehen bleiben, wenn Himmel und Erde vergehen.

Ohne Fleiß sind wir weder für diese, noch für die kommende Welt geeignet.

Es ist wie mit einem Menschen, der außer Landes ging: er rief seine Knechte und vertraute ihnen sein Vermögen an; dem einen gab er fünf Zentner Silber; dem andern zwei, dem dritten einen, und zog fort. Sogleich ging der hin, der fünf Zentner empfangen hatte, und handelte mit ihnen und gewann weitere fünf dazu. Ebenso gewann der, der zwei Zentner empfangen hatte, zwei weitere dazu. Der aber einen empfangen hatte, ging hin, grub ein Loch in die Erde und verbarg das Geld seines Herrn. Nach langer Zeit kam der Herr dieser Knechte und forderte Rechenschaft von ihnen. Da trat herzu, der fünf Zentner empfangen hatte, und sprach: Siehe, ich habe weitere fünf Zentner gewonnen. Da sprach sein Herr zu ihm: Recht so, du tüchtiger und treuer Knecht, du bist über wenigem treu gewesen, ich will dich über viel setzen; geh hinein zu deines Herrn Freude! Da trat auch herzu, der zwei Zentner empfangen hatte,

und sprach: Siehe, ich habe zwei weitere gewonnen. Sein Herr sprach zu ihm: Recht so, du tüchtiger und treuer Knecht, du bist über wenigem treu gewesen, ich will dich über viel setzen; geh hinein zu deines Herrn Freude! Da trat auch herzu, der einen Zentner empfangen hatte, und sprach: Herr, ich wusste, dass du ein harter Mann bist; ich fürchtete mich, ging hin und verbarg deinen Zentner in der Erde. Siehe, da hast du das Deine. Sein Herr aber antwortete und sprach zu ihm: Du böser und fauler Knecht! Nehmt ihm den Zentner ab und gebt ihn dem, der zehn Zentner hat. Und den unnützen Knecht werft in die Finsternis hinaus.
Matthäus 25, 14–30 (Auswahl)

Glaubwürdiges Leben

Was meine Erfahrungen mit Gastfreundschaft angeht, so bin ich mit allem zufrieden, was ich vorfinde, und auch meine Begleiter sind immer guter Laune. Diese Einstellung müssen alle haben, die mit mir reisen. Wenn ein misslungenes Abendessen, ein hartes Bett, ein armseliges Zimmer, Regenwetter oder eine staubige Straße sie in Missstimmung bringt, dann belastet mich das mehr als alles andere. Dank der Gnade Gottes rege ich mich niemals auf und murre nie über etwas. Ich bin mit allem zufrieden. Aber hören zu müssen, dass andere über alles schimpfen und murren, schmerzt mich, als zöge man mir das Fleisch von den Knochen.

*

Wenn Leben und Lehre eines Menschen übereinstimmen, wird Gott das Wort seines Botschafters bestätigen.

Rede einfach!

Um jede Art gekünstelter Sprache zu vermeiden, beachte folgende Regel: Versuche in der Öffentlichkeit genauso zu sprechen, wie du es auch in einer normalen Unterhaltung tätest. Halte dich an dein Thema und behandle es so, wie du es auch einem guten Freund gegenüber tust. Wenn du dich daran hältst, werden sowohl dieser wie auch fast alle anderen Fehler schlechter Redeweise abgestellt werden.

*

Lass deine Worte immer ein Abbild deines Herzens sein. Dann ist deine Sprache einfach und eindeutig.

Rede biblisch!

Ich stimme völlig zu, dass es am besten ist, »die allgemein gebräuchlichen Wörter zu verwenden, und zwar in ihrem eigentlichen Sinne«. Gerade darum habe ich mich seit fast zwanzig Jahren sehr gewissenhaft bemüht. Ich bin mir nicht bewusst, ungebräuchliche Wörter oder irgendein Wort auf ungewöhnliche Weise zu benutzen. Aber ich kann all die ungebräuchlichen Wörter nicht zählen, die die Sprache der Heiligen Schrift enthält. Diese verwende ich darum ganz bewusst, weil ich den Sinn der Schrift auch in der Sprache der Schrift ausdrücken möchte.

Jeder setzt seine Gaben ein

Tu deine Arbeit beizeiten – und zu seiner Zeit wird dir Gott den vollen Lohn zahlen.

*

Zugegeben, bei einigen Dingen müssen wir damit zufrieden sein, an anderen das zu bewundern, was wir nicht so gut können wie sie. Doch in vielen Dingen sind wir dank derselben freien Gnade auch derselben Segnungen teilhaftig.

*

Sieh Ratschläge oder Tadel stets als einen Erweis des Wohlwollens an; sie sind das sichere Zeichen der Liebe.

Was du heute kannst besorgen …

Möchtest du das Gnadengeschenk Gottes erlangen, möchtest du es »ergreifen, nachdem du auch von Christus Jesus ergriffen bist«, dann kaufe die Zeit aus. Nütze den Augenblick. Nimm jede Gelegenheit wahr, in der Gnade zu wachsen und Gutes zu tun. Lass dir durch den Gedanken, du könntest morgen mehr Gnade erhalten, nicht das Heute gleichgültig werden. Jetzt hast du nur ein Pfund; auch wenn du weitere fünf erwartest, lege das eine, das du bereits hast, gewinnbringend an. Je mehr du für die Zukunft erwartest, desto mehr arbeite in der Gegenwart für Gott! Seine Gnade reicht für jeden Tag. Gott gießt heute seine Wohltaten über dich aus; erweise dich heute als treuer Haushalter der gegenwärtigen Gnade Gottes. Was immer morgen sein wird, wende heute allen Fleiß daran, deinem Glauben Mut, Mäßigkeit, Geduld, brüderliche Liebe und Gottesfurcht hinzuzufügen, bis du die reine und vollkommene Liebe erlangst. Sei jetzt nicht faul, sondern bringe Frucht. Dann wird dir der Zugang zu dem ewigen Reich unseres Herrn Jesus Christus gewährt werden.

Gebrauche die Dinge der Welt, doch freue dich Gottes.

Ein jegliches hat seine Zeit und alles Vorhaben unter dem Himmel hat seine Stunde: geboren werden hat seine Zeit, sterben hat seine Zeit; pflanzen hat seine Zeit, ausreißen, was gepflanzt ist, hat seine Zeit; töten hat seine Zeit, heilen hat seine Zeit; abbrechen hat seine Zeit, bauen hat seine Zeit; weinen hat seine Zeit, lachen hat seine Zeit; klagen hat seine Zeit, tanzen hat seine Zeit; Steine wegwerfen hat seine Zeit, Steine sammeln hat seine Zeit; herzen hat seine Zeit, aufhören zu herzen hat seine Zeit; suchen hat seine Zeit, verlieren hat seine Zeit; behalten hat seine Zeit, wegwerfen hat seine Zeit; zerreißen hat seine Zeit, zunähen hat seine Zeit; schweigen hat seine Zeit, reden hat seine Zeit; lieben hat seine Zeit, hassen hat seine Zeit; Streit hat seine Zeit, Friede hat seine Zeit. Man mühe sich ab, wie man will, so hat man keinen Gewinn davon. Ich sah die Arbeit, die Gott den Menschen gegeben hat, dass sie sich damit plagen. Er hat alles schön gemacht zu seiner Zeit, auch hat er die Ewigkeit in

ihr Herz gelegt; nur dass der Mensch nicht ergründen kann das Werk, das Gott tut, weder Anfang noch Ende. Da merkte ich, dass es nichts Besseres dabei gibt als fröhlich sein und sich gütlich tun in seinem Leben.
Prediger 3, 1–12

17. 6. 1703 – John Wesleys Geburtstag

Gott ist alles in allem

Liebt das Geschaffene, denn es führt zum Schöpfer.

*

Hebe einen Stein hoch. In dem Augenblick, in dem du deine Hand zurückziehst, fällt er selbstverständlich zu Boden. Das gleiche geschähe, wenn Gott seine Hand für einen Augenblick zurückzöge. Die Schöpfung fiele ins Nichts.

*

Die reinen Herzens sind, sehen alle Dinge von Gott erfüllt. Sie sehen ihn in seinen Werken der Schöpfung, in seiner Fürsorge für Leib und Seele und in den Gaben des Heils.

»Ohne mich könnt ihr nichts tun«

Ich glaube ganz gewiss – und das im wörtlichen Sinne – dass wir ohne Gott nichts tun können, dass wir ohne Mitwirkung göttlicher Kraft weder denken noch sprechen, weder Hand noch Auge bewegen können. All unsere natürlichen Fähigkeiten sind Gottes Gaben, und so können auch die geringsten Dinge nicht ohne die Mitwirkung seines Geistes geschehen. Will ich damit sagen, dass Glaube, Hoffnung und Liebe nicht auf unsere natürlichen Fähigkeiten zurückzuführen sind? Ich meine dies: Wenn ein Mensch ohne Glauben, Hoffnung und Liebe ist, dann kann er sich diese weder durch eigene intensive Anstrengung, noch durch seine natürlichen Fähigkeiten aneignen. Trotzdem sollte er sich über diese Fähigkeiten freuen, so sehr er kann.

Damit auch nur eine Frucht des Glaubens wächst, muss der Mensch neu geschaffen und durch das Wirken des göttlichen Geistes von Grund auf innerlich verwandelt werden. Da wirkt eine Kraft, die auch Tote lebendig macht und das ruft, was nicht ist, dass es sei. (Röm. 4,17)

Wir sind jederzeit offen für Belehrung. Wir möchten jeden Tag klüger werden und ändern, was verbessert werden kann.

Gedenkt an eure Lehrer, die euch das Wort Gottes gesagt haben; ihr Ende schaut an und folgt ihrem Glauben nach. Jesus Christus gestern und heute und derselbe auch in Ewigkeit. Lasst euch nicht durch mancherlei und fremde Lehren umtreiben, denn es ist ein köstlich Ding, dass das Herz fest werde, welches geschieht durch Gnade. So lasst uns nun durch ihn Gott allezeit das Lobopfer darbringen, das ist die Frucht der Lippen, die seinen Namen bekennen. Gutes zu tun und mit andern zu teilen, vergesst nicht; denn solche Opfer gefallen Gott. Gehorcht euren Lehrern und folgt ihnen, denn sie wachen über eure Seelen – und dafür müssen sie Rechenschaft geben –, damit sie das mit Freuden tun und nicht mit Seufzen; denn das wäre nicht gut für euch.
Hebräer 13, 7–9 a + 15–17

Wie alles anfing ...

Eines Tages waren einige tausend Leute zusammengekommen, viel mehr als irgendeine Kirche fassen konnte. Viele von ihnen waren vorher noch nie in einer Kirche oder einem Gottesdienstraum gewesen. Immer mehr Menschen wurden in ihrem Herzen getroffen, kamen tränenüberströmt zu mir und fragten mit großer Sehnsucht, was sie tun müssten, um gerettet zu werden. Ich sagte: »Wenn ihr alle am Donnerstagabend zu mir kommt, will ich euch beraten, so gut ich kann.« Am ersten Abend kamen etwa zwölf, in der Woche darauf dreißig oder vierzig. Als es hundert waren, notierte ich ihre Namen und Adressen, um sie so oft wie möglich in ihren Häusern zu besuchen. So entstand ohne einen vorher festgelegten Plan oder eine solche Absicht die methodistische Gemeinschaft in England.

*

Gottes Absicht war nicht, irgendeine neue Sekte zu gründen, sondern unsere Nation und vor allem die Kirche von England zu reformieren und schriftgemäße Heiligung über das Land zu verbreiten.

»Die Welt ist mein Kirchspiel«

Ich lasse keinen anderen Maßstab gelten als die Heilige Schrift, weder für den Glauben noch für das Leben; und von den biblischen Grundsätzen her halte ich es gar nicht für schwierig, mein Tun zu rechtfertigen. Gott beauftragt mich in der Schrift, nach meinen Fähigkeiten die Unwissenden zu lehren, die Bösen zu bekehren und die Tugendhaften zu stärken. Man verbietet mir, das im Kirchenbezirk eines anderen Geistlichen zu tun. Das bedeutet im Endeffekt, es überhaupt nicht zu tun, da ich keinen eigenen Kirchenbezirk habe und wohl auch nie haben werde. Wem soll ich nun gehorchen, Gott oder den Menschen? Ich betrachte die ganze Welt als mein Kirchspiel. Insofern sehe ich es als angebracht und richtig, ja als meine Pflicht an, denen, die es hören wollen, überall die frohe Botschaft von der Erlösung zu verkündigen.

Gemeinschaft über alle Grenzen hinweg

Was war von Anfang an die grundlegende Lehre der Methodisten? Dass die Bibel die umfassende und einzige Richtschnur für den christlichen Glauben und das christliche Leben ist.

Daraus lernten sie:

1. Der Glaube ist eine treibende Kraft im Inneren des Menschen, nichts anderes als die Gesinnung, die in Jesus Christus war; mit anderen Worten: die Erneuerung der Seele nach dem Bilde Gottes in Gerechtigkeit und wahrer Heiligkeit.

2. Das kann nur durch die Kraft des Heiligen Geistes in uns geschehen.

3. Wir empfangen diese und jede andere Segnung allein um Jesu Christi willen.

4. Jeder, der die Gesinnung hat, die in Jesus Christus war, ist unser Bruder, unsere Schwester oder unsere Mutter.

Allgemeine Regeln 1

In den »Allgemeinen Regeln« für die jungen methodistischen Gemeinschaften hielt John Wesley die Aufgaben der Leiter von Gemeindegruppen fest.

Sie sollen
- sich einmal wöchentlich mit den Mitgliedern ihrer Gruppe treffen,
- das Geld in Empfang nehmen, das die Mitglieder zur Unterstützung für die Armen beitragen,
- nach Fortschritten ihres Glaubenslebens fragen,
- Rat oder Verweise erteilen, trösten oder ermahnen, wie es die Umstände erforderten.

Sie sollen
- einmal wöchentlich mit dem Prediger und den Verwaltern der Gemeinde zusammenkommen, um die Beiträge abzuliefern, die sie in der vergangenen Woche gesammelt haben,
- dem Prediger Nachricht geben, wer krank ist oder wer einen unchristlichen Lebenswandel führt und sich nicht ermahnen lassen will.

Allgemeine Regeln 2

In den »Allgemeinen Regeln« für die jungen methodistischen Gemeinschaften hielt John Wesley fest, unter welcher Voraussetzung man dort Mitglied werden konnte:

Es gibt eine einzige Bedingung, die von denen erfüllt werden muss, die in die Gemeinschaft aufgenommen werden wollen, nämlich dass sie ein Verlangen haben, dem zukünftigen Zorn zu entfliehen und von der Sünde erlöst zu werden. Wo dieses Verlangen wirklich im Herzen wohnt, wird es sich durch seine Früchte offenbaren.

Allgemeine Regeln 3

Mitglieder einer methodistischen Gemeinschaft zeigen – entsprechend den »Allgemeinen Regeln« – ihr Verlangen nach Seligkeit dadurch, dass sie

- nichts Böses tun, sondern Böses aller Art meiden, vor allem die weitverbreiteten Sünden wie
- Missbrauch des Namens Gottes,
- Entheiligung des Sonntags durch Alltagsarbeit, Kaufen und Verkaufen,
- Trunkenheit, Kaufen, Verkaufen und Trinken von Alkohol,
- Schlägereien, Streitigkeiten, Prozessieren vor Gericht gegen einen Bruder, Böses mit Bösem und Schimpfwort mit Schimpfwort vergelten,
- unverzollte Waren kaufen oder verkaufen,
- Leihen oder Borgen gegen Wucherzinsen,
- liebloses oder unnützes Gerede, besonders über Pastoren oder Personen des öffentlichen Lebens.

Sie vermeiden es, andere so zu behandeln, wie sie von ihnen nicht behandelt werden möchten.

Allgemeine Regeln 4

Mitglieder einer methodistischen Gemeinschaft zeigen – entsprechend den »Allgemeinen Regeln« – ihr Verlangen nach Seligkeit dadurch, dass sie nicht tun, wovon wir wissen, dass es nicht zur Ehre Gottes dient, zum Beispiel:

- Gold und kostbare Kleider tragen,
- sich Vergnügungen erlauben, die man nicht im Namen des Herrn Jesus genießen kann,
- Lieder singen oder Bücher lesen, die uns nicht in der Erkenntnis und Liebe Gottes fördern,
- Weichlichkeit und Selbstmitleid zeigen,
- Schätze auf Erden sammeln,
- Geld borgen oder Waren auf Kredit kaufen ohne Aussicht, sie bezahlen zu können.

Allgemeine Regeln 5

Mitglieder einer methodistischen Gemeinschaft zeigen – entsprechend den »Allgemeinen Regeln« – ihr Verlangen nach Seligkeit dadurch, dass sie

- Gutes tun und sich in jeder Hinsicht barmherzig erweisen, so gut sie können,
- nach dem Vermögen, das Gott ihnen gibt, die Hungrigen speisen, die Bedürftigen kleiden, Kranke und Gefangene besuchen und ihnen eine Hilfe sind,
- mit den Menschen ihres Bekanntenkreises Gespräche über geistliche Dinge führen, sie zum christlichen Leben anleiten und Seelsorge an ihnen üben.

Allgemeine Regeln 6

Mitglieder einer methodistischen Gemeinschaft zeigen – entsprechend den »Allgemeinen Regeln« – ihr Verlangen nach Seligkeit dadurch, dass sie

- Gutes tun, vor allem an Mitchristen, indem sie sie bei geschäftlichen Angelegenheiten vorziehen und von einander kaufen, denn auch »die Welt« hat »das Ihre« lieb,
- fleißig und genügsam sind, damit das Evangelium nicht verlästert wird,
- geduldig laufen in dem Kampf, der ihnen verordnet ist, Selbstverleugnung üben, täglich ihr Kreuz auf sich nehmen, willig die Schmach Christi tragen und die Verachtung durch Nichtchristen hinnehmen.

Allgemeine Regeln 7

Mitglieder einer methodistischen Gemeinschaft zeigen – entsprechend den »Allgemeinen Regeln« – ihr Verlangen nach Seligkeit dadurch, dass sie alle angebotenen Gnadenmittel nutzen:

- den Gottesdienst,
- den Dienst des Wortes Gottes, wenn es gelesen oder ausgelegt wird,
- das Mahl des Herrn,
- das persönliche Gebet und das Gebet in der Familie,
- das Forschen in der Schrift,
- Fasten und Enthaltsamkeit.

Diese »Allgemeinen Regeln« finden wir im Wort Gottes, das die einzige und ausreichende Richtschnur für unseren Glauben und für unser Leben ist.

Gebet

Gepriesen sei deine Güte. Ihr verdanken wir unsere Gesundheit, Nahrung und Kleidung, unseren Frieden und unseren Schutz, die Liebe unserer Freunde, alle Segnungen dieses Lebens und unser Verlangen nach dem ewigen Leben.

Gepriesen sei deine Liebe, denn sie ist es, die unsere Herzen immer wieder auf dich ausrichtet.

Sieh, Herr, wir kommen zu dir, um so mit der Kraft deiner Liebe erfüllt zu werden, dass wir mit noch größerem Ernst, Eifer und Fleiß unsere Pflicht erfüllen können.

Wir bitten dich: Erneuere uns so, dass wir immer mehr deinem Bild entsprechen und dass Jesus in aller Gerechtigkeit, Reinheit, Barmherzigkeit und Wahrheit in uns zur Geltung kommt.

Geleite uns sicher durch alle Wechselfälle dieses Lebens, so dass wir in unwandelbarer Liebe zu dir und im klaren Bewusstsein deiner Liebe zu uns leben, bis wir bei dir sind und uns auf ewig an dir freuen.

Amen.

Mancher Glaube reicht nur aus,
Menschen traurig zu machen,
nicht aber fröhlich.

1 Juli

O Gott, du kennst der Menschen Not,
noch eh sie nach dir schrein.
Gib uns heut unser täglich Brot.
Es soll uns Manna sein.

Wir leben, weil du uns beschenkst,
versorgst und herzlich liebst
und unser Leben freundlich lenkst,
indem du reichlich gibst.

Wir leben nicht vom Brot allein –
die Sorgenlast vergeht.
Vor dir gilt nicht der äußre Schein,
doch Glaube und Gebet.

Wir haben keinen Reichtum hier:
Wir trauen auf dein Wort.
Du treuer Freund, du nimmst, was wir
beklagen, von uns fort.

Du bist der Armen Gut und Teil,
verlässt sie ewig nicht;
du bist die Wahrheit und das Heil,
wie es dein Wort verspricht.

Gottes Weisheit zeigt sich darin, dass er die Natur des Menschen nicht zerstört, wenn er ihn erlöst, und dass er die Freiheit nicht wegnimmt, die er ihm gegeben hat.

Der Herr ist der Geist; wo aber der Geist des Herrn ist, da ist Freiheit. Nun aber schauen wir alle mit aufgedecktem Angesicht die Herrlichkeit des Herrn wie in einem Spiegel, und wir werden verklärt in sein Bild von einer Herrlichkeit zur anderen von dem Herrn, der der Geist ist.
2. Korinther 3, 17–18

Gott kennen

Was für eine elende Schinderei ist es doch, einem Gott zu dienen, den ich gar nicht liebe! Ich kann doch niemanden lieben, den ich nicht kenne! Wie soll ich Gott lieben, ehe ich ihn kenne, und wie soll es überhaupt möglich sein, Gott zu kennen, wenn er sich mir nicht selbst zu erkennen gibt?

Die gesamte Schöpfung sagt uns, dass es einen Gott gibt. Aber wer kann mir zeigen, was das für ein Gott ist? Je mehr ich darüber nachdenke, desto klarer wird mir, dass weder ein einzelnes Geschöpf noch alle Kreaturen zusammen den Schleier von meinem Herzen wegnehmen können, so dass ich den unbekannten Gott erkenne. Niemand kann den Vorhang wegziehen, der zwischen mir und ihm hängt, so dass ich den Unsichtbaren sehen könnte.

Dieser Vorhang, mein irdisch-vergängliches Wesen, verbirgt ihn jetzt vor meinem Blick. Wer vermag es, diesen Vorhang durchsichtig wie Glas zu machen, so dass ich Gott allezeit vor mir habe, bis ich ihn von Angesicht zu Angesicht sehe?

Mein Freund, wie willst du auch nur einen Schritt weiterkommen, wenn sich Gott deiner Seele nicht selbst offenbart? Und warum sollte es dir unmöglich erscheinen, dass sich Gott, ein Geist, deinem Geist enthüllt?

Gottes Wirklichkeit

Ich kenne keine Gefahr, in der ein Mensch sein könnte, der Gott liebt, es sei denn, Gott existierte nicht mehr oder er hätte wenigstens die Zügel aus der Hand gegeben und die Regierung der Welt dem Zufall überlassen.

*

Ihr sollt als Kinder Gottes, »die da Leid tragen« (Matth. 5,4), nicht durch die Äußerungen ungläubiger Menschen wankend werden. Ihr habt doch erleuchtete Augen; lasst euch nicht von denen erschrecken, die noch im Dunkeln wandeln. Ihr lauft nicht eingebildeten Vorstellungen nach; Gott und die Ewigkeit gibt es wirklich.

*

Was Gott tut, weiß ich jetzt nicht; es genügt, dass ich es nachher wissen werde. Jetzt sollen wir lieben und gehorchen. Das Wissen ist für die Ewigkeit reserviert.

Retterliebe

Wer sieht nicht wie wir die unzähligen Dummheiten und Schwierigkeiten unserer Mitmenschen? Überall sehen wir Menschen ohne jeden Glauben oder Menschen mit einem nur formalen, toten Glauben. Dieser Anblick macht uns traurig. Wir würden jubeln, wenn wir einige davon überzeugen könnten, dass es einen besseren Glauben gibt, der des Gottes würdig ist, der ihn geschenkt hat. Dieser Glaube ist für uns nichts anderes als Liebe zu Gott und zu allen Menschen. Das heißt, Gott zu lieben von ganzem Herzen, von ganzer Seele und mit aller Kraft, weil er uns zuerst geliebt hat. Er ist die Quelle alles Guten, das wir empfangen haben und noch zu empfangen hoffen. Das heißt, jede Seele, die Gott geschaffen hat, jeden Menschen auf Erden ebenso zu lieben wie unsere eigene Seele.

*

Je mehr ein Mensch vom Leben aus Gott erfüllt ist, desto liebevoller wird er um die besorgt sein, die noch ohne Gott in der Welt leben.

Christliche Freundschaft

Freundschaft ist eine Form der Liebe. Sie ist im eigentlichen Sinne eine uneigennützige Liebe zwischen zwei Personen. Böse Menschen scheinen unfähig zur Freundschaft zu sein. Denn »wer keinen Gott fürchtet, kann auch keinen Freund lieben«. Freundschaft bedarf einer besonderen inneren Haltung, ohne die sie nicht bestehen kann.

Die Eigenschaften christlicher Freundschaft sind die gleichen wie die der Liebe, die der Apostel Paulus in 1. Kor. 13 so großartig beschreibt. Sie bringen – so wie sich die Gelegenheiten ergeben – jedes gute Wort und Werk hervor: Wenn ich mit Menschen- und mit Engelzungen redete und hätte die Liebe nicht, so wäre ich ein tönendes Erz oder eine klingende Schelle. Und wenn ich prophetisch reden könnte und wüsste alle Geheimnisse und hätte allen Glauben, so dass ich Berge versetzen könnte, und hätte die Liebe nicht, so wäre ich nichts. Und wenn ich alle meine Habe den Armen gäbe und ließe meinen Leib verbrennen, und hätte die Liebe nicht, so wäre mir's nichts nütze.

Die Liebe ist langmütig und freundlich, die Liebe eifert nicht, die Liebe treibt nicht Mutwillen, sie bläht sich nicht auf, sie verhält sich nicht ungehörig, sie rechnet das Böse nicht zu, sie freut sich nicht über die Ungerechtigkeit, sie freut sich aber an der

Wahrheit, sie erträgt alles, sie glaubt alles, sie hofft alles, sie duldet alles.

Eine Regel lautet: Gib zugunsten eines Freundes alles her außer einem guten Gewissen vor Gott!

Die Gnade und Liebe Gottes, aus der unser Heil kommt, ist frei in allem und frei für alle.

Was sollen wir nun hierzu sagen? Ist denn Gott ungerecht? Das sei ferne! Denn er spricht zu Mose: »Wem ich gnädig bin, dem bin ich gnädig; und wessen ich mich erbarme, dessen erbarme ich mich.« So liegt es nun nicht an jemandes Wollen oder Laufen, sondern an Gottes Erbarmen.
Römer 9, 14–16

Glaubens – wert

Ich muss Sie nicht daran erinnern, dass es im Leben keinen Stand gibt, in dem wir von Enttäuschung und Sorge verschont bleiben. Aber ich muss Sie daran erinnern, dass es nur einen Glauben gibt, der uns in solchen Situationen hilft.

Weder Überheblichkeit noch Frömmelei, weder die spitzfindigen Argumente der Ungläubigen noch das schändliche Leben von Christen vermochten bisher, die Wahrheiten der offenbarten Religion umzustoßen. Sie enthalten alles, was uns froh macht, alles, was das Gemüt des Menschen tröstet, alles, was seinem Herzen zuträglich ist und seinem Wesen entspricht.

Sie erkennen doch die Bedeutung der Glaubenswahrheit an, Sie empfinden doch Ehrfurcht vor ihren Geheimnissen – dann sollte Ihnen doch auch ihr Einfluss wichtig sein!

(aus einem Brief an Dr. Wrangel, 1770)

Geborgen durch das innere Zeugnis

Als mein Vater starb, war er mit dem Glauben vertraut, den wir im Evangelium, bei den ersten Christen und bei unseren bedeutendsten Reformatoren finden. Das ist genau der Glaube, den ich durch Gottes Gnade predige und der ebenso neu ist wie das Christentum selbst. Welche Erfahrungen mein Vater vorher gemacht hatte, weiß ich nicht. Aber ich weiß, dass er während seiner letzten Krankheit, die acht Monate dauerte, sich über die klare Erkenntnis freute, von Gott angenommen zu sein. Ich hörte ihn das mehr als einmal sagen, obwohl ich ihn damals im Grund nicht verstand. »Das innere Zeugnis, Sohn, das innere Zeugnis«, sagte er zu mir, »das ist der Beweis, der stärkste Beweis für den christlichen Glauben.«

Als ich ihn dann kurz vor seinem Ende fragte: »Hast du große Schmerzen?« antwortete er laut, und er lächelte dabei: »Gott züchtigt mich mit Schmerzen, ja, alle meine Glieder tun entsetzlich weh. Aber ich danke ihm für alles, ich preise ihn für alles, ich liebe ihn für alles.« Ich denke, seine letzten Worte waren, nachdem ich gerade seine Seele Gott anbefohlen hatte: »Nun hast du alles vollbracht«; und mit einem gelassenen und fröhlichen Gesichtsausdruck schlief er ein, ohne irgendeinen Kampf, ohne Seufzer oder Stöhnen. Deshalb kann ich gar nicht daran zweifeln, dass der Geist Gottes in seinem Inneren gemeinsam mit seinem Geist bezeugte, dass er Gottes Kind sei.

Wie Gott Menschen bekehrt 1

Wer fest auf Gott vertraut und weiß, dass durch Jesu Christi Verdienst seine Sünden vergeben sind, der ist ein Kind Gottes und, wenn er in ihm bleibt, ein Erbe aller Verheißungen. Auf keinen Fall soll er sein Vertrauen wegwerfen oder den überkommenen Glauben verleugnen, nur weil er noch schwach ist oder im Feuer erprobt wird, so dass seine Seele unter den vielen Anfechtungen traurig wird.

Wir dürfen auch nicht behaupten, die ganze Erlösung geschehe auf einmal. Gott bewirkt nämlich beides, eine plötzliche wie auch eine stufenweise Veränderung in seinen Kindern. So wissen wir von vielen Zeugen, die in einem einzigen Augenblick ein deutliches Gefühl der Sündenvergebung oder ein bleibendes Zeugnis des Heiligen Geistes von der Reinigung ihres Herzens empfangen haben. Es ist uns jedoch kein einziger Fall bekannt, bei dem jemand in ein und demselben Augenblick das Zeugnis von der Vergebung der Sünden empfing und zugleich die Erfahrung der Reinigung seines Herzens gemacht hat.

Wie Gott Menschen bekehrt 2

Wir können natürlich nicht sagen, welche Möglichkeiten Gott für sein Handeln wählt, aber im Allgemeinen geschieht es so: Diejenigen, die »sich selbst vermaßen, dass sie fromm wären« und reich und satt und nichts bedürfen, werden durch den Geist Gottes, der das Wort begleitet, überzeugt, dass sie arm und bloß sind. Alles, was sie getan haben, wird ihnen in Erinnerung gebracht und vor Augen gestellt, so dass sie Gottes Zorn über ihren Häuptern schweben sehen und merken, dass sie die Verdammnis zur Hölle verdient haben. In ihrer Angst schreien sie zum Herrn, und er zeigt ihnen, dass er ihre Sünden vergeben und ihre Herzen für sein Himmelreich geöffnet hat, und damit auch für Gerechtigkeit, Friede und Freude im heiligen Geist. Seufzen und Schmerzen entfliehen, und die Sünde übt keine Macht mehr über sie aus. Da sie wissen, dass sie aus freier Gnade durch den Glauben an sein Blut gerechtfertigt sind, haben sie Frieden mit Gott durch unseren Herrn Jesus Christus. Sie freuen sich in der Hoffnung auf Gottes Herrlichkeit, und »die Liebe Gottes ist in ihren Herzen ausgegossen«.

Gnade und Rettung

Die Rettung beginnt mit dem, was man allgemein und durchaus zutreffend »vorlaufende Gnade« nennt. Dazu gehört ein erstes Verlangen, Gott zu gefallen, eine erste aufdämmernde Erkenntnis seines Willens sowie ein erstes schwaches und schnell wieder dahinschwindendes Wissen, gegen ihn gesündigt zu haben. In all dem liegt eine Tendenz zum Leben, ein erster Schritt zur Rettung, der Beginn der Befreiung von einem blinden, gefühllosen Herzen, das für Gott und göttliche Dinge völlig unempfindlich ist.

Die Rettung setzt sich dann mit der »überzeugenden Gnade« fort, die in der Schrift gewöhnlich Buße genannt wird. Sie bringt ein größeres Maß an Selbsterkenntnis und eine größere Freiheit vom Herzen aus Stein.

Danach erfahren wir die eigentliche christliche Erlösung: Wir werden »aus Gnade« gerettet »durch den Glauben«. Dazu gehört nun beides: Rechtfertigung und Heiligung. Die Rechtfertigung befreit uns von der Schuld der Sünde und lässt uns wieder Gottes Wohlgefallen finden. Die Heiligung befreit uns von der Macht der Sünde und macht uns wieder zu Gottes Ebenbildern.

Wiedergeburt

Die Wiedergeburt ist die große Veränderung, die Gott in der Seele bewirkt, wenn er sie zum Leben bringt, wenn er sie aus dem Tod der Sünde zum Leben in Gerechtigkeit erweckt.

Sie ist die große Veränderung, die der allmächtige Geist Gottes in der Seele bewirkt, wenn er sie in Christus Jesus neu erschafft, wenn er sie »erneuert nach dem Bilde Gottes in Gerechtigkeit und wahrer Heiligkeit« (vgl. Eph 4,24). Verwandelt wird die Liebe zur Welt in Liebe zu Gott, Stolz in Demut, Leidenschaft in Sanftmut, Hass, Neid und Bosheit in eine echte, einfühlsame, uneigennützige Liebe zu allen Menschen.

Mit einem Wort: Es findet eine Veränderung statt, durch die der irdische, sinnliche, teuflische Geist in die Gesinnung Jesu Christi verwandelt wird.

Auch Glaubende sündigen noch

Die entscheidende Aussage, dass zwei gegensätzliche Prinzipien in den Gläubigen aufeinandertreffen – die menschliche Natur und die göttliche Gnade, Fleisch und Geist –, zieht sich wie ein roter Faden durch alle Briefe des Apostels Paulus, ja durch die ganze Heilige Schrift. Fast alle in ihr enthaltenen Belehrungen und Ermahnungen sind auf diese Voraussetzung gegründet. Sie zeigen die falschen Charakterzüge und Lebensgewohnheiten von Menschen auf, die trotzdem von den geisterfüllten Schreibern als Gläubige anerkannt werden. Sie werden immer wieder dazu aufgefordert, gegen solche Schwächen zu kämpfen und sie in der Kraft des ihnen geschenkten Glaubens zu überwinden.

»Aber kann Christus in einem Herzen sein, in dem auch die Sünde wohnt?« Daran besteht kein Zweifel, denn sonst könnte es ja gar nicht von Sünde befreit werden. Wo die Krankheit ist, da ist der Arzt, »sein Werk zu tun, er noch im Herzen bleibt, bis er mit Gottes Kraft die Sünd' vertreibt«.

Wohl aber ist es so, dass Christus nicht herrschen kann, wo die Sünde herrscht, und er wird nicht wohnen, wo Sünde geduldet wird. Aber er ist und bleibt im Herzen eines jeden Gläubigen, der gegen jede Sünde kämpft.

Umgestaltung zu Gottes Bild

So wie der Satan die Herzen der Menschen vom Schöpfer weg und zum Geschöpf hinwandte, so wendet der Sohn Gottes ihre Herzen wieder zurück vom Geschöpf zum Schöpfer.

Er betraut uns in unserem jetzigen Stand mit außerordentlich wenig Wissen, damit unser Wissen nicht unsere Demut beeinträchtigt und wir wieder danach streben, wie Götter zu sein. Hier sehen wir im klarsten und hellsten Licht, was wahrer Glaube ist: Die Wiederherstellung des Menschen durch Christus und seine Umgestaltung zu Gottes Wohlgefallen und in sein Bild.

Ich betrachte die ganze Welt als mein Kirchspiel.

Danach setzte der Herr weitere zweiundsiebzig Jünger ein und sandte sie je zwei und zwei vor sich her in alle Städte und Orte, wohin er gehen wollte, und sprach zu ihnen: Die Ernte ist groß, der Arbeiter aber sind wenige. Darum bittet den Herrn der Ernte, dass er Arbeiter aussende in seine Ernte. Geht hin; siehe, ich sende euch wie Lämmer mitten unter die Wölfe. Tragt keinen Geldbeutel bei euch, keine Tasche und keine Schuhe, und grüßt niemanden unterwegs. Wenn ihr aber in ein Haus kommt, sprecht zuerst: Friede sei diesem Hause! Und wenn dort ein Kind des Friedens ist, so wird euer Friede auf ihm ruhen; wenn aber nicht, so wird sich euer Friede wieder zu euch wenden. In demselben Haus aber bleibt, esst und trinkt, was man euch gibt; denn ein Arbeiter ist seines Lohnes wert. Und wenn ihr in eine Stadt kommt, und sie euch aufnehmen, dann esst, was euch vorgesetzt wird, und heilt die Kranken, die dort sind, und sagt ihnen: Das Reich Gottes ist nahe zu euch gekommen.
Lukas 10, 1 – 9 (Auswahl)

Glauben im Lande verbreiten

Wir sind dazu berufen, den biblischen Glauben im Lande zu verbreiten, den Glauben, der in der Liebe tätig ist, fromme Gesinnung und heiliges Leben. Wir wollen dafür all unsere Kraft einsetzen.

*

Wir betrachten uns nicht als Begründer oder Rädelsführer einer besonderen Sekte oder Partei (das liegt uns völlig fern), sondern als Boten Gottes für die, die zwar dem Namen nach Christen, im Herzen und im Leben aber Heiden sind. Wir kommen zu ihnen, um sie zu dem zurückzurufen, von dem sie abgefallen sind, zum wirklichen, echten christlichen Glauben.

Grundsteinlegung

Kommt, lasst uns miteinander den Herrn preisen und dazu beitragen, seine Herrschaft auf der Erde auszubreiten. Lasst uns unsere Herzen in dieser segensreichen Arbeit vereinen. Wir wollen uns bemühen, Gott in der Höhe dadurch zu ehren, dass wir all unsere Kraft einsetzen, Frieden und guten Willen unter den Menschen aufzurichten. Darin also sollen unsere Herzen zuerst eins sein, ebenso unsere Wünsche und Gebete. Unsere Seele soll nach einer allgemeinen Wiederbelebung echter Frömmigkeit dürsten, nach der Wiederherstellung des Bildes Gottes und nach reiner Liebe in jedem Menschenkind. Dann aber wollen wir uns bemühen, auf unseren verschiedenen Arbeitsfeldern die schriftgemäße ursprüngliche Religion der Liebe unter allen Menschen auszubreiten.

(Aus der Predigt zur Grundsteinlegung der ersten methodistischen Kirche an der City Road in London am 21. 4. 1777.)

Unübersehbar

Wer an Jesus Christus glaubt, kann das unmöglich verbergen. Das macht unser Herr mit einem Vergleich deutlich: »Ihr seid das Licht der Welt. Es kann eine Stadt, die auf einem Berge liegt, nicht verborgen sein.«

Ihr Christen seid das Licht der Welt durch eure Gesinnung und durch euer Handeln. Durch eure Heiligkeit fallt ihr so auf wie die Sonne mitten am Himmel. So wenig ihr die Welt verlassen könnt, so wenig könnt ihr in der Welt leben, ohne für die Menschen sichtbar zu sein. Ihr dürft nicht vor den Menschen fliehen. Wenn ihr bei ihnen seid, ist es unmöglich, dass eure Niedrigkeit und Sanftmut und all die anderen Einstellungen verborgen bleiben, durch die ihr danach strebt, vollkommen zu sein, wie euer Vater im Himmel vollkommen ist. Liebe kann genauso wenig verborgen werden wie das Licht – schon gar nicht, wenn sie durch Taten hervorleuchtet, wenn ihr euch in Werken der Liebe übt, in guten Taten aller Art. Niemand denkt daran, eine Stadt zu verstecken. Wie sollte man da einen Christen verbergen können! Einen heiligen, eifrigen Menschen, der Gott und Menschen tätig liebt, kann man nämlich genauso wenig verbergen wie eine Stadt, die auf dem Berge liegt.

Christlicher Glaube ist öffentlich

Genauso unsinnig der Gedanke ist, Licht verbergen zu können – es sei denn, wir löschten es aus – so unmöglich ist es zu verhindern, dass unser Glaube gesehen wird – es sei denn, wir würfen ihn weg! Das ist sicher: Eine geheime, nicht wahrnehmbare Religion kann nicht die Religion Jesu Christi sein. Glaube, der versteckt werden kann, ist kein christlicher Glaube. Wenn ein Christ verborgen werden könnte, wäre er nicht mit einer Stadt auf dem Berg zu vergleichen, nicht mit dem Licht der Welt, der Sonne, die vom Himmel scheint und von aller Welt gesehen wird. Kein von Gott erneuerter Mensch, soll auf den Gedanken kommen, dies Licht zu verbergen und seinen Glauben für sich zu behalten. Es ist nicht möglich, wahren christlichen Glauben zu verbergen. Das stünde ja auch völlig im Gegensatz zum Willen seines großen Begründers.

*

Wer wollte in unserer Zeit für einen geringeren Zweck leben als Gott zu dienen?

Seelen retten

Du hast nur eins zu tun: Seelen zu retten. Darauf verwende deine Kräfte bis zur Erschöpfung. Mach dich immer wieder auf den Weg – nicht nur zu denen, die dich brauchen, sondern vor allem zu denen, die dich am meisten brauchen.

*

Sich Wissen anzueignen ist gut, aber Seelen zu retten ist besser.

*

Wenn du einen Menschen nicht durch deine Argumente von der Wahrheit überzeugen kannst, dann versuche nie, dies durch Gewalt zu erreichen. Wenn Liebe ihn nicht dazu bringt hereinzukommen, dann überlasse ihn Gott, der der Richter aller ist.

Liebe macht die Arbeit leicht.

Es war aber ein angesehener Mann mit Namen Boas. – Und Rut, die Moabiterin, sprach zu Noomi: Lass mich aufs Feld gehen und Ähren auflesen, bei einem, vor dessen Augen ich Gnade finde. Sie aber sprach zu ihr: Geh hin, meine Tochter! Sie ging hin, und es traf sich, dass dies Feld dem Boas gehörte. Boas sprach zu Rut: Hörst du wohl, meine Tochter? Du sollst nicht auf einen anderen Acker gehen, um aufzulesen, sondern halt dich zu meinen Mägden. Wo sie schneiden im Felde, da geh ihnen nach. Ich habe meinen Knechten geboten, dass dich niemand antaste. Und wenn dich dürstet, so geh hin zu den Gefäßen und trinke von dem, was meine Knechte schöpfen. Da fiel sie auf ihr Angesicht und beugte sich nieder zur Erde und sprach zu ihm: Womit hab ich Gnade gefunden vor deinen Augen, dass du mir freundlich bist, die ich doch eine Fremde bin? Boas antwortete ihr: Man hat mir alles angesagt, was du getan hast an deiner Schwiegermutter nach deines Mannes Tod. Der Herr vergelte dir deine Tat, und dein Lohn möge vollkommen sein bei dem Herrn,

dem Gott Israels, zu dem du gekommen bist, dass du unter seinen Flügeln Zuflucht hättest. Sie sprach: Lass mich Gnade vor deinen Augen finden, mein Herr; denn du hast mich getröstet und deine Magd freundlich angesprochen. So las sie bis zum Abend auf dem Felde, und es war ungefähr ein Scheffel Gerste.
Rut 2, 1–17 (Auswahl)

Vom Predigthören

»Werden Sie heute Mr. Wesley hören?« sagte ein Freund zu Mr. Blackwell. »Nein«, antwortete er, »ich will Gott hören. Ich höre auf IHN, egal wer predigt, sonst wäre alles vergeblich.«

*

Ich besuche den Gottesdienst, ob der Pastor nun etwas taugt oder nicht; und das rate ich auch jedem anderen.

*

Höre welchen Prediger du auch immer willst, aber höre die Stimme Gottes! Hüte dich vor Vorurteilen und unfreundlichen Gefühlen gegenüber einem Prediger!

Schlechte Prediger

Wir fragen uns manchmal, ob nicht einige unserer Prediger zu sehr den Zorn und zu wenig die Liebe Gottes predigen. Offenbar neigen einige zu diesem Extrem. Das hat schon manchem Hörer die Freude am Glauben genommen.

*

Die Unwürdigkeit eines Pastors beeinträchtigt nicht die Wirksamkeit der von Gott verordneten kirchlichen Handlungen. Dafür gibt es einen einfachen Grund: Die Wirksamkeit wird nicht von dem abgeleitet, der sie anwendet, sondern von dem, der sie verordnet hat. Das Wort Gottes wird nicht aufgehalten, auch wenn es aus dem Munde eines unheiligen Pastors kommt, und die Sakramente sind keine vertrockneten Brüste, ganz gleich ob der, der die Gnadenmittel verwaltet, nun würdig oder unwürdig ist.

Gegen zu lange Predigten

Wenn ein Prediger seine Zeit überschreitet (etwa eine Stunde für einen ganzen Gottesdienst), so hoffe ich, dass du ihm in Erinnerung bringst, was die methodistische Regel ist. Die Leute denken, je länger eine Predigt dauert, desto wirksamer sei sie. Das ist ein großer Irrtum. Was uns hier auf Erden helfen kann, tut Gott selbst. Er hat es nicht nötig, dass wir viele Worte machen.

*

Wir müssen die schlichte Wahrheit des Evangeliums aussprechen, wo immer wir sind, ob Menschen uns hören wollen oder nicht.

Vom Predigen und Lehren

Ich wundere mich über Leute, die sagen, das Predigen im Freien sei ungehörig. Ein Höchstmaß an Ungehörigkeit finde ich in der St. Pauls-Kathedrale wo ein beträchtlicher Teil der Gemeinde schläft, redet, schwätzt, umherblickt und nicht daran denkt, auf das zu hören, was der Prediger sagt.

*

Es ist viel leichter, eine gute Predigt zu halten, als die Unwissenden in den Grundsätzen des Glaubens zu unterweisen.

*

Gott ist so groß, dass er auch den kleinsten Dingen, die um seinetwillen getan werden, Größe verleiht.

Klare Sprache

Mir geht es um die schlichte Wahrheit für schlichte Menschen. Darum verzichte ich ganz bewusst auf alle schönen philosophischen Betrachtungen, auf alle verwirrenden und ausgeklügelten Gedankengänge und – soweit das möglich ist – auch auf das Zurschaustellen meiner Gelehrsamkeit, abgesehen davon, dass ich gelegentlich Originaltexte aus der Heiligen Schrift zitiere. Ich bemühe mich, alle Wörter zu vermeiden, die nicht leicht zu verstehen sind und die in der Umgangssprache nicht vorkommen; und doch bin ich mir nicht sicher, ob ich nicht hin und wieder in diesen Fehler verfalle.

*

Je einfacher und klarer du dich ausdrückst, desto mehr Gutes wirst du tun.

Einfache Sprache

Nachdem ich etwa zehn Jahre lang Mitglied der Universität war, schrieb und redete ich fast genauso, wie du es heute tust. Aber als ich zu einfachen Leuten im Schloss [das vermutlich als Gefängnis genutzt wurde] oder in der Stadt sprach, merkte ich, dass sie mich mit offenem Munde anstarrten. Das zwang mich sehr schnell dazu, meinen Stil zu ändern und die Sprache meiner Zuhörer aufzunehmen. In der Einfachheit liegt doch eine Würde, die auch für Menschen in höchsten Positionen nicht unangebracht ist.

Du bist ein christlicher Verkündiger, der schreibt und redet, um Seelen zu retten. Wenn du dieses Ziel immer vor Augen hast, dann wirst du nie absichtlich ein schwieriges Wort verwenden. Gebrauche all den Verstand, das Wissen und das Feuer, das dir gegeben ist. Vergiss dich selbst und denke nur daran, dass du es mit Menschen zu tun hast, für die Christus gestorben ist.

Auf den Einsatz kommt es an

Häufig wirst du nur wenig Frucht von all deiner Mühe sehen. Überlass das Gott. Der Erfolg ist sein, doch die Arbeit ist dein.

*

Ich habe mein Bestes getan. Wenn ich falsch gehandelt habe, dann habe ich mich nicht in meinen Absichten, sondern in meinen Urteilen geirrt.

*

Werde nicht müde, Gutes zu tun, wenn das auch oft ein Kreuz ist. Trage das Kreuz und es wird dich tragen. Die beste Frucht wächst unter dem Kreuz.

Die große Aufgabe

Die größten Schwierigkeiten habt ihr durch reiche, feige oder faule Methodisten zu erwarten. Nimm keine Rücksicht auf sie, ob sie nun verantwortliche Mitarbeiter oder einfache Gemeindeglieder sind. Geht vielmehr hinaus auf die öffentlichen Plätze, wann immer das Wetter es erlaubt, und ruft alle Menschen zur Umkehr und zum Glauben an das Evangelium. Tut das vor allem jeden Sonntag.

Was hat wohl Gott beabsichtigt, als er Prediger berufen hat, die man Methodisten nennt?

Es sollte die Nation, vor allem die Kirche von England, reformiert und schriftgemäße Heiligung über das Land verbreitet werden.

*

Gib mir hundert Prediger, die nur eins fürchten – die Sünde – und nur nach einem Verlangen haben – nach Gott – und dann ist es mir völlig gleichgültig, ob sie Geistliche oder Laien sind. Allein mit ihnen werden die Pforten der Hölle erschüttert und wird das Reich Gottes auf Erden errichtet.

Gebet

Barmherziger Gott, segne die Kirche, in der wir leben. Mach sie und alle ihre Glieder fest im Glauben und heilig im Leben. Vor allem aber erleuchte alle ihre Diener, damit sie Christus in Wahrheit erkennen und dein Wort so verstehen, wie es dem Wirken des Heiligen Geistes entspricht.

Schenke, dass sie so durch ihre Verkündigung und ihren Lebenswandel dein Wort zu deiner Ehre weitertragen und dass alle Menschen, die ihnen anvertraut sind, dein Wort in Demut aus ihrem Munde hören, mit reinem Herzen aufnehmen und dann durch deinen gnädigen Beistand die Früchte des Geistes hervorbringen – zur Ehre unseres Mittlers und Fürsprechers Jesus Christus.

Amen.

Das Gebet ist der Atem des
geistlichen Lebens.

Herr, gib den starken Glauben mir,
der Berg und Tal bewegen kann,
gib, dass ich ganz gehöre dir,
zünd deine Liebe in mir an;
gib, dass sie ganz mein Herz erfüllt,
die Liebe, die dem Sünder gilt.

Nur eins möcht ich in meiner Zeit,
wofür allein mein Herz noch brennt:
Will zu dem gehn, ganz gleich wie weit,
der meinen Heiland noch nicht kennt.
Den Weg der Liebe will ich gehn,
dass alle deine Liebe sehn.

So nimm nun, Herr, mein Leben hin
und schaff es neu zu neuer Tat.
Mit allem, was ich sag und bin,
will ich verkünden deine Gnad.
Mein ganzes Leben soll allein
ein Zeichen deiner Liebe sein.

Mach mir mein Herz nun warm und weit
und pflanz die Liebe tief hinein,
füll es mit Kraft, mach mich bereit
zu retten, die nach Hilfe schrein,
dass ich durch deines Todes Tür
die Schafe zu dem Hirten führ.

Demut und Geduld sind die sichersten Anzeichen für ein Wachstum in der Liebe.

Zu der Zeit fing Jesus an und sprach: Kommt her zu mir, alle, die ihr mühselig und beladen seid; ich will euch erquicken. Nehmt auf euch mein Joch und lernt von mir; denn ich bin sanftmütig und von Herzen demütig; so werdet ihr Ruhe finden für eure Seelen. Denn mein Joch ist sanft, und meine Last ist leicht.
Matthäus 11, 25 a + 28 – 30

Der gute Kampf des Glaubens

Obwohl wir erneuert, gereinigt und geheiligt sind in dem Augenblick, in dem wir wirklich an Christus glauben, sind wir damit noch nicht völlig erneuert und gereinigt. Die böse Natur bleibt noch, wenn auch besiegt – und sie kämpft gegen den Geist. Lasst uns um so mehr allen Fleiß aufwenden, den guten Kampf des Glaubens zu kämpfen. Lasst uns um so ernsthafter wachen und beten angesichts des Feindes in uns. Lasst uns umso sorgfältiger die Waffenrüstung Gottes ergreifen und anlegen.

*

Ich glaube, dass dem gnädigen Gott Leben und Verhalten der Menschen wichtiger sind als ihre Gedanken. Ich glaube, er achtet die Güte des Herzens höher als die Klarheit des Kopfes.

Ehrsucht überwinden

Auch Kinder Gottes tun sich schwer, ein »hoffärtiges Leben« ganz zu überwinden (vgl. 1. Joh 2,16). Mit diesem Ausdruck meint Johannes wohl das, was wir heute Ehrsucht nennen. Es ist der Wunsch nach der »Ehre, die von den Menschen kommt,« und die Freude daran. Es ist die Sucht nach Lob – und gleichzeitig die Furcht vor Kritik.

Nahe verwandt damit ist die falsche Scham, die sich schämt, wessen sie sich eigentlich rühmen sollte. Selten fehlt dabei die Menschenfurcht. Sie wird der Seele tausendfach zum Fallstrick. Wo ist nun auch nur einer, selbst unter den scheinbar Starken im Glauben, der nicht auch etwas von all diesen bösen Regungen in sich spürte? Sogar solche Gläubigen sind nicht völlig »der Welt gekreuzigt«, denn die böse Wurzel bleibt noch in ihrem Herzen.

*

Ich fürchte, du bist in viel größerer Gefahr wegen der Ehre, die dir zuteil wird, als wegen der Missachtung, die du erfährst. Mir geht es genauso. Ich finde immer, es ist gefährlicher, ruhig zu segeln. Wenn der Sturm braust und die See wütet, werden sogar die Schläfer aufstehen und zu Gott schreien.

Auf Christus angewiesen

Selbst die größten Heiligen sind immer noch auf Christus angewiesen: Er ist ihr Prophet, er ist das Licht der Welt. Er erleuchtet sie immer nur von einem Augenblick bis zum anderen. Zieht er sich zurück, so herrscht sogleich völlige Dunkelheit.

Sie sind immer noch auf Christus angewiesen: Er ist ihr König; denn Gott schenkt ihnen ihre Heiligkeit nicht auf Vorrat. Wenn sie nicht immer wieder erhielten, was sie brauchen, bliebe nur Gottlosigkeit.

Sie sind immer noch auf Christus angewiesen: Er ist ihr Priester, der selbst das sühnt, was an ihnen heilig ist. Denn sogar vollkommene Heiligung ist Gott nur durch Jesus Christus wohlgefällig.

*

Unter Heiligung verstehe ich nicht Fasten oder körperliche Enthaltsamkeit oder irgendein anderes äußeres Mittel zur Vervollkommnung, sondern die innere Einstellung, der all das Genannte untergeordnet ist, eine Erneuerung der Seele zur Ebenbildlichkeit Gottes.

Im Gleichgewicht

Christliche Sanftmut bedeutet nicht, auf den Eifer für Gott zu verzichten oder unwissend oder gefühllos zu sein. Sie meidet nur jedes Extrem, ob es sich nun um Gefühlskälte oder um Exzesse handelt. Sie zerstört die Gefühle nicht, sondern hält sie im Gleichgewicht. Gott, der uns geschaffen hat, wollte nicht, dass die Gefühle durch die Gnade beseitigt, sondern dass sie angemessen beherrscht und ausgeglichen werden. Die Sanftmut bewirkt diese Ausgeglichenheit des Geistes. Sie hält die Waage zwischen Zorn, Kummer oder Furcht im Gleichgewicht. So bleibt sie in jeder Lebenslage ausgeglichen und schlägt weder nach rechts noch nach links aus.

Selbstprüfung

Prüfe dein Herz und dein Leben ernsthaft und beharrlich! Schau an jedem Abend auf deinen Weg durch den Tag zurück! Frage dich, was du getan oder gedacht hast, das deinem Charakter nicht angemessen war; frage dich, ob dein Herz nach Glauben verlangt hat und nicht nach weltlichen Dingen. Geh besonders sorgfältig mit der Zeit am Morgen und am Abend um. Am Morgen bedenke, was du zu tun hast, und am Abend prüfe, ob du getan hast, was du solltest.

Alles was du tust, muss zu deinem gesamten Leben passen, nicht nur zu einem Teil. Alle untergeordneten Ziele sollten mit dem einen großen Ziel deines Lebens übereinstimmen. Übe dich in der Gottesfurcht!

*

Selbsterkenntnis ist echte Demut. Ohne sie können wir nicht von der Eitelkeit frei werden, jener Gier nach Lob, die mit jeder Art von Stolz verbunden ist.

Erfahrung

Du weißt, dass es für mich ganz selbstverständlich ist, die Weisheit und Güte eines Menschen seinem Alter entsprechend einzuschätzen. Ich gehe davon aus, dass die längste Erfahrung auch die beste ist. Aber obwohl lange Erfahrung ein großer Vorteil ist und wir einem alten Soldaten mehr zutrauen als einem Rekruten, so ist doch Gott nicht an starre Regeln gebunden. Manchmal schafft er Großes in kurzer Zeit. Er macht junge Männer und Frauen weiser als alte. Er schenkt vielen in sehr kurzer Zeit eine engere und tiefere Gemeinschaft mit ihm, als andere im Laufe vieler Jahre erlangen.

*

Je länger ich lebe, desto nachsichtiger werde ich gegenüber menschlichen Schwächen. Ich fordere mehr von mir und weniger von anderen.

Höflichkeit

Bemühe dich um Höflichkeit gegenüber allen Menschen. Dabei kommt es nicht darauf an, ob sie hoch oder niedrig, reich oder arm sind, über oder unter dir stehen. Selbst die Geringsten und Schlechtesten haben einen Anspruch auf unsere Höflichkeit. Schulbildung kann keine Herzensbildung bewirken. Ich habe in einer irischen Hütte soviel wirkliche Höflichkeit gefunden, wie man sie im St.-James-Palast oder im Louvre erwarten würde.

*

Wenn du bemerkst, dass dir irgendetwas schadet oder deine Seele von Gott wegzieht – ich beschwöre dich: Flieh und rette dein Leben! In diesem Falle darfst du dich nicht an die Etikette halten, sondern musst ohne zu zögern fliehen.

Heiligung im Alltag

Denke immer daran: Das Wesen christlicher Heiligung ist Einfachheit und Reinheit. Sie hat nur ein Ziel, eine Ausrichtung: die völlige Hingabe an Gott.

Wenn wir die Gnade nutzen, die uns geschenkt wird, ist das ein sicherer Weg, mehr Gnade zu erhalten. Wenn du all deinen Glauben einsetzt, wird dein Glaube wachsen.

Das Handeln Gottes an den Menschen ist von grenzenloser Vielfalt und kann nicht auf eine einzige Grundregel eingeschränkt werden.

Bete, wie du geführt wirst, in aller Einfachheit und ohne lange nachzudenken. Sei dabei ein kleines Kind, das an dem hängt, der dich liebt.

*

Nimm den Namen Gottes nicht leichtfertig in den Mund; rede nicht bei jeder Kleinigkeit vom Willen Gottes!

Demütige Gesinnung

Lass dich von der demütigen Gesinnung bestimmen, »die auch in Christus Jesus war« (Phil. 2,5). Zeige in all deinen Worten und Taten Bescheidenheit und Zurückhaltung. Um nur ein Beispiel zu nennen: Sei immer bereit, einen Fehler zuzugeben, den du begangen hast. Hast du verkehrt gedacht, gesprochen oder gehandelt, so zögere nicht, dies zuzugeben. Meine nicht, dass du damit der Sache Gottes schadest, nein, du wirst sie damit fördern. Sei deshalb für Zurechtweisungen offen. Versuche nicht, dem auszuweichen oder etwas zu vertuschen, sondern lege die Sache offen, wie sie wirklich ist. Dadurch wirst du dem Evangelium nicht im Weg stehen, sondern ihm sogar Glanz verleihen.

Wahre Demut besteht darin, dass wir uns selbst kennen. Ohne diese Selbsterkenntnis können wir nicht frei werden von Eitelkeit; denn der Wunsch, gelobt zu werden, ist untrennbar mit Stolz verbunden. Nur dauernde Wachsamkeit kann uns davor bewahren, dass sich solcher Stolz bei uns einschleicht. Solange wir aber unentwegt wachsam sind und beten, werden wir nicht in Versuchung geraten. Sie mag und sie wird uns von allen Seiten bestürmen, aber sie kann nicht die Oberhand gewinnen.

Gebet

Gott, der das Herz des Menschen gebildet hat, hat es für sich selbst entworfen und lässt es in Unruhe, bis es seinem Schöpfer gehört.

Lasst uns mit Ehrfurcht vor ihm erscheinen und uns in der Gegenwart seiner Herrlichkeit vor ihm demütigen. Denn er hat uns für sich und für sein wunderbares Reich erschaffen.

Du bist unsere Stärke, Gott, wen sollten wir fürchten? Du bist unser Heil, vor wem sollten wir Angst haben? Nichts kann uns verletzen als unsere eigenen bösen Begierden; nichts kann uns gefährden als unser Ungehorsam gegen Gott.

Gott, der du denen, die du gemacht hast, immer nahe bist, und der du über uns wachst, damit wir zu immer größerem Reichtum wachsen – wir bitten dich: Lass unsere Augen stets auf dich gerichtet sein, damit wir so unsere törichten Neigungen kontrollieren und unser Streben nach dem wahren Guten ermutigen.

Du bist würdig, Ehre und Preis und Macht zu empfangen; denn du hast alle Dinge erschaffen; und sie sind und wurden zu deinem Wohlgefallen erschaffen.

Dich zu erkennen, Herr, ist das größte Wissen und dein Antlitz zu sehen das höchste Glück.

Lass nicht zu, dass wir unseren Lebensweg ohne

deinen Segen gehen; und dann lass deinen Segen uns desto fester an dich binden. Alle deine Wege, Herr, sind gnädig und weise; und was immer du rätst: es dient unserem Glück. Amen.

Ich neige mehr dazu zu hoffen als mich zu fürchten.

Da wir nun gerecht geworden sind durch den Glauben, haben wir Frieden mit Gott durch unsern Herrn Jesus Christus; durch ihn haben wir auch den Zugang im Glauben zu dieser Gnade, in der wir stehen, und rühmen uns der Hoffnung der zukünftigen Herrlichkeit, die Gott geben wird. Nicht allein aber das, sondern wir rühmen uns auch der Bedrängnisse, weil wir wissen, dass Bedrängnis Geduld bringt, Geduld aber Bewährung, Bewährung aber Hoffnung, Hoffnung aber lässt nicht zuschanden werden; denn die Liebe Gottes ist ausgegossen in unsre Herzen durch den heiligen Geist, der uns gegeben ist.
Römer 5, 1–5

Fleiß und Vorsorge

Unser Herr verlangt nicht, dass wir uns überhaupt keine Gedanken um die Belange dieses Lebens machen sollen. Eine leichtfertige und unbedachte Haltung ist Welten von dem entfernt, was Jesus Christus lehrt. Er fordert von uns auch nicht, träge im Beruf zu sein, nachlässig und saumselig. Dies widerspricht ebenfalls völlig dem Geist und Wesen seiner Botschaft. Ein Christ verabscheut die Trägheit so sehr wie die Trunkenheit, er flieht vor dem Müßiggang wie vor einem Ehebruch.

Es ist Gottes Wille, dass jeder arbeiten soll, um sein eigenes Brot essen zu können, und dass jeder sich selbst und die Angehörigen seines Haushaltes versorgen soll. Es ist ebenso sein Wille, dass wir niemand etwas schuldig sind, sondern »uns der Ehrbarkeit gegen jedermann befleißigen«. Aber das kann nicht ohne Überlegung und Sorgfalt geschehen, ja, oft nur mit langer und ernster Überlegung, mit großer und ernsthafter Sorgfalt.

Es ist gut und angenehm vor Gott, dass wir uns Gedanken über all unsere Vorhaben machen. Wir müssen eine klare Vorstellung von dem haben, was wir zu tun beabsichtigen, und wir müssen unsere Arbeit planen, ehe wir sie beginnen. Es ist in Ordnung, dass wir von Zeit zu Zeit sorgfältig überlegen, welche Schritte dabei zu tun sind, und im voraus alle nötigen Maßnahmen treffen, um möglichst wirksam handeln zu können.

Gegen das Gift der Sorge

Jesus verurteilt in der Bergpredigt »die Sorge des Herzens«, die ängstliche, unruhige und quälende Sorge, jede Sorge, die Seele oder Leib verletzt. Er verbietet die Sorge, die das befürchtete Elend vorwegnimmt und uns schon vor der Zeit quält. Er verbietet die Sorge, die den Segen des heutigen Tages mit der Furcht vor dem vergiftet, was morgen geschehen könnte, sodass man die gegenwärtige Fülle aus Furcht vor dem zukünftigen Mangel nicht genießen kann. Diese Sorge ist nicht nur ein schlimmes Leiden, eine böse Krankheit der Seele, sondern auch ein abscheulicher Angriff auf Gott, eine Sünde übelster Art. Sie ist eine grobe Beleidigung des barmherzigen Herrschers und weisen Lenkers aller Dinge, da sie zwangsläufig den Gedanken enthält, der große Richter handle nicht richtig und ordne nicht alle Dinge gut. Daraus würde offensichtlich folgen: Wenn er nicht weiß, was wir brauchen, dann fehlt es ihm an Weisheit; wenn er nicht alle, die ihm vertrauen, mit dem Notwendigen versorgt, dann fehlt es ihm an Güte. Hüte dich, so zu denken!

Eine einfache und verlässliche Regel heißt: Sorge dich nicht ängstlich, denn das ist gegen Gottes Gebot. Schau nur auf Gott und tu alles, was an dir liegt, um in den Augen aller Menschen ehrbar zu handeln. Dann übergib alles in bessere Hände, überlass die ganze Sache Gott.

Gnade zur rechten Zeit

Mach dir keine Sorgen um zukünftige Versuchungen. Das ist ein gefährlicher Fallstrick. Denke nicht: »Was werde ich tun, wenn diese oder jene Versuchung kommt? Wie werde ich standhalten können? Ich habe das Gefühl, dass mir die Kraft zum Widerstand fehlt. Ich kann den Feind nicht überwinden.« Sehr richtig! Du hast die Kraft jetzt nicht, weil du sie jetzt nicht benötigst. Du bist zur Zeit nicht imstande, den Feind zu besiegen; aber zur Zeit greift er dich ja auch gar nicht an. Mit der Gnade, die du jetzt hast, könntest du den Versuchungen, denen du gar nicht ausgesetzt bist, nicht widerstehen. Aber wenn die Versuchung kommt, kommt auch die Gnade.

Für größere Prüfungen wirst du auch größere Kraft erhalten. Wenn du viel zu leiden hast, wirst du im selben Maße reichlich von Gott getröstet. Deshalb wird dir in jeder Lage die Gnade Gottes genügen. Er wird nicht zulassen, dass du heute über deine Kraft hinaus versucht wirst. Er wird zugleich mit der Versuchung auch einen Ausweg schaffen. Wie deine Tage, so soll deine Kraft sein. (Vgl. 1. Kor. 10,13 und 5. Mose 33,25)

Gelassenheit

Es gibt kaum eine größere Hilfe zur Heiligung als eine gleichbleibende Gelassenheit des Geistes, die Ruhe eines fest auf Gott ausgerichteten Sinnes und ein stilles Vertrauen auf das Blut Jesu. Anders ist es kaum möglich, in der Gnade und der Erkenntnis unseres Herrn Jesus Christus zu wachsen. Angst macht die Seele kalt und gefühllos. Angst verstopft alle Quellen geistlichen Lebens und verhindert die Bewegung des Herzens auf Gott hin. Zweifel beschmutzt gleichsam die Seele, sodass sie tief im Schlamm stecken bleibt. Deshalb ist unser Wachstum in der Heiligung in dem Maße gehemmt, in dem uns Angst oder Zweifel beherrschen.

Sünde ist ansteckend.

Es begab sich aber nach etlicher Zeit, dass Kain dem Herrn Opfer brachte von den Früchten des Feldes. Und auch Abel brachte von den Erstlingen seiner Herde und von ihrem Fett. Und der Herr sah gnädig an Abel und sein Opfer, aber Kain und sein Opfer sah er nicht gnädig an. Da ergrimmte Kain sehr und senkte finster seinen Blick. Da sprach der Herr zu Kain: Warum ergrimmst du? Und warum senkst du deinen Blick? Ist's nicht also? Wenn du fromm bist, so kannst du frei den Blick erheben. Bist du aber nicht fromm, so lauert die Sünde vor der Tür, und nach dir hat sie Verlangen; du aber herrsche über sie. Da sprach Kain zu seinem Bruder Abel: Lass uns aufs Feld gehen! Und es begab sich, als sie auf dem Felde waren, erhob sich Kain wider seinen Bruder Abel und schlug ihn tot. Und Kain erkannte sein Weib; die ward schwanger und gebar den Henoch. Und er baute eine Stadt, die nannte er nach seines Sohnes Namen Henoch. Henoch aber zeugte Irad, Irad zeugte Mehujael, Mehujael zeugte Metuschael, Metuschael zeugte Lamech. Und La-

mech sprach zu seinen Frauen: Ada und Zilla, höret meine Rede, ihr Weiber Lamechs, merkt auf, was ich sage: Einen Mann erschlug ich für meine Wunde und einen Jüngling für meine Beule. Kain soll siebenmal gerächt werden, aber Lamech siebenundsiebzigmal.
1. Mose 4, 3–24 (Auswahl)

Kleine Ursache – große Wirkung

Es ist fast nicht zu glauben, welch weitreichende Folgen selbst kleine Dinge vor Gott haben und welch große Schwierigkeiten manchmal aus scheinbar kleinen Fehlern erwachsen. Wie schon ganz wenig Staub eine Uhr versagen lässt und ganz wenig Sand unsere Sicht trübt, so verhindert das winzigste Körnchen Sünde in unserem Herzen, dass es sich zu Gott hinbewegt.

Wie gefährliche Winde durch kleine Ritzen dringen, so ist der Teufel nie gefährlicher, als wenn er unbemerkt durch kleine Ereignisse in unser Leben eindringt. Sie scheinen keine Bedeutung zu haben, doch sie öffnen unbewusst das Herz für große Versuchungen.

*

Es gibt keine kleine Sünde – es sei denn, wir fänden einen kleinen Gott!

Nur kein Krampf!

Die hervorragende Eigenschaft, ein zartes Gewissen zu haben, wird manchmal übertrieben. Es gibt Leute, die fürchten sich, wo nichts zu fürchten ist. Sie verdammen sich selbst fortwährend ohne Grund. Sie halten Dinge für sündig, die die Schrift nirgends verurteilt, und anderes halten sie für ihre Pflicht, was die Schrift nirgends vorschreibt. Das nennt man treffend ein ängstliches Gewissen, und das ist ein schlimmes Übel. Es empfiehlt sich sehr, ihm so wenig wie möglich nachzugeben. Es sollte dir ein ernstes Gebetsanliegen sein, von diesem schlimmen Übel befreit zu werden und wieder einen gesunden Geist zu erhalten.

Gefährliche Anpassung

Viele Methodisten, die reich geworden waren, gewannen diese Welt lieb. Sie heirateten Frauen, die nur halb- oder gar nicht erweckt waren und pflegten Umgang mit deren Verwandten. So nahmen weltliche Klugheit, Maßstäbe und Sitten bei ihnen überhand und brachten sie mehr und mehr dazu, sich der Welt anzupassen. Daraus folgte eine grobe Vernachlässigung familiärer Pflichten, besonders bei der Kindererziehung. Die Prediger haben es schwer, diesem Übel wieder abzuhelfen.

*

Vermeide sorgfältig jede Versuchung und jede Gelegenheit zur Sünde. Vor allem meide das Zusammensein mit Menschen, die dich in Versuchung führen oder selbst versucht werden könnten. Bedenke, dass das kälteste Wasser erhitzt wird, wenn es nahe ans Feuer gebracht wird.

Umgang mit Versuchungen

Du musst jetzt mit Versuchungen rechnen. Vielleicht werden sie dich von allen Seiten überfallen, denn alle Höllenmächte sind nun auf dich gerichtet und werden all ihre Künste einsetzen, um dich in deiner Standfestigkeit zu erschüttern. Aber er, der für dich ist, ist stärker als alle, die gegen dich sind. Du darfst dich nur nicht auf gefährliches Argumentieren einlassen. Halte dich einfach an den, der dich liebt und den du liebst wie ein hilfloses kleines Kind. Christus gehört dir, ganz und gar, das ist genug. Verlass dich von ganzem Herzen auf ihn! Halte dich an ihn, und du wirst nichts von dem verlieren, was dir Gott gegeben hat.

*

Sobald du deine geistliche Waffenrüstung angelegt hast, wirst du auch erleben, dass sie erprobt wird. Gott gibt dir Gelegenheit zum Kampf, damit du bestehen und deine Schwachheit ebenso wie seine Kraft erfahren kannst. Jeder Tag wird gerade so viele Versuchungen, aber auch soviel Kraft bringen, dass du bestehen kannst.

(Aus Briefen an Jane Hilton und Miss Briggs)

Wacht, um zu beten, und betet, um wachsam zu sein.

Wenn du aber betest, so geh in dein Kämmerlein und schließ die Tür zu und bete zu deinem Vater, der im Verborgenen ist; und dein Vater, der in das Verborgene sieht, wird dir's vergelten. Und wenn ihr betet, sollt ihr nicht viel plappern wie die Heiden; denn sie meinen, sie werden erhört, wenn sie viele Worte machen. Darum sollt ihr ihnen nicht gleichen. Denn euer Vater weiß, was ihr bedürft, bevor ihr ihn bittet. Darum sollt ihr so beten:

Unser Vater im Himmel! Dein Name werde geheiligt. Dein Reich komme. Dein Wille geschehe wie im Himmel so auf Erden. Unser tägliches Brot gib uns heute. Und vergib uns unsere Schuld, wie auch wir vergeben unsern Schuldigern. Und führe uns nicht in Versuchung, sondern erlöse uns von dem Bösen. Denn dein ist das Reich und die Kraft und die Herrlichkeit in Ewigkeit. Amen.
Matthäus 6, 6–13

Betet ohne Unterlass!

Eine wichtige Bedeutung des Gebets besteht darin, dass wir in ihm die Abhängigkeit von Gott zum Ausdruck bringen, dass er unser Verlangen nach allem stärkt, worum wir bitten, dass er uns sensibel macht für unsere Bedürftigkeit und dass wir nie aufhören, um den Segen zu ringen, bis wir ihn empfangen haben.

*

Bete, ob du kannst oder nicht, ob du fröhlich oder betrübt bist. Bete, mit vielen Worten, mit wenigen Worten oder ganz ohne Worte. Gewiss erhältst du eine Antwort, die dir Frieden gibt.

Ein Prüfstein für unsere Wünsche

Das Gebet des Herrn enthält alles, worum wir vernünftigerweise und unbekümmert bitten können. In ihm kommt alles vor, was zur Ehre Gottes dient und für uns und alle anderen Geschöpfe nötig und heilsam ist. Unsere Gebete sind die geeignete Prüfung für unsere Wünsche. Was wir im Gebet nicht nennen dürfen, das sollen wir uns auch nicht wünschen.

*

Jahrelang hatte ich gewisse Skrupel, um zeitliche Dinge zu bitten. Aber vor etwa drei oder vier Jahren gewann ich die Überzeugung, dass diese unnötig seien. Ich war damals in großer Geldnot; ich machte das zu meinem Gebetsanliegen und erhielt schnell Antwort. Es ist wahr, äußere Segnungen können wir nur mit dem Vorbehalt erbitten: »Wenn dies das Beste und dein Wille ist.« Mit dieser Einstellung können wir uns dann auch auf die Verheißung berufen, »So wird euch das alles zufallen.«

Dein Wille geschehe

Wahrscheinlich verstehen die meisten Menschen die Bitte »Dein Wille geschehe!« nur als Ausdruck der Ergebung oder als Bitte um die Bereitschaft, sich dem Willen Gottes mit allen Konsequenzen unterzuordnen. Das ist ohne Frage ein guter, ja ein göttlicher Charakterzug, eine äußerst kostbare Gabe Gottes. Wenn wir sagen, »Dein Wille geschehe wie im Himmel so auf Erden,« dann bitten wir aber nicht hauptsächlich und in erster Linie um passive, sondern um aktive Übereinstimmung mit Gottes Willen.

Wir bitten ihn, dass wir und alle Menschen in allen Dingen ausschließlich seinen Willen tun, so wie er es will und wie es ihm wohlgefällt.

»Und vergib uns unsere Schuld«

Wie nur die Sünde Gottes Großzügigkeit daran hindern kann, sich über alle Kreatur zu ergießen, so schließt sich diese Bitte ganz selbstverständlich der vorausgegangenen an. Wenn alle Hemmnisse beiseite geräumt sind, können wir uns um so eindeutiger in jeder guten Sache auf den Gott der Liebe verlassen.

Eigentlich heißt es hier unsere »Schulden«. So werden unsere Sünden häufig in der Schrift bezeichnet. Jede Sünde macht uns erneut schuldig vor Gott. Was können wir ihm denn antworten, wenn er sagt: »Bezahle, was du mir schuldig bist!« (Mt. 18,28)? Wir sind ganz und gar zahlungsunfähig; wir haben nichts, mit dem wir bezahlen könnten, wir haben unser ganzes Gut vergeudet (Lk. 15,13). Wenn er verlangte, was er gerechterweise könnte, dann müsste er befehlen, dass wir »an Händen und Füßen gebunden« und »den Peinigern überantwortet würden« (Mt. 18,34).

Tatsächlich sind uns bereits Hände und Füße durch die Ketten unserer eigenen Sünde gebunden. Wir spüren sie wie Ketten aus Eisen und Fesseln aus Messing. Wenn wir nun sehen, dass wir nichts haben, mit dem wir bezahlen können, so flehen wir ihn an, dass er uns alles schenkt (Lk. 7,42).

Wenn uns die Schulden erlassen werden, fallen

die Ketten von unseren Händen. Dann empfangen wir durch die freie Gnade Gottes in Christus Vergebung der Sünden. Die Sünde hat ihre Macht verloren. Sie hat keine Herrschaft über die, die in der Gnade stehen.

»wie auch wir vergeben unsern Schuldigern«

Mit diesen Worten erklärt unser Herr deutlich, wie wir die Vergebung Gottes suchen können. All unsere Übertretungen und Sünden werden uns vergeben, wenn wir vergeben, und so, wie wir vergeben.

Erstens: Gott vergibt uns, wenn wir andern vergeben. Das ist von größter Bedeutung. »Wenn ihr«, so sagt er, »den Menschen ihre Übertretungen vergebt, so wird euch euer himmlischer Vater auch vergeben. Wenn ihr aber den Menschen nicht vergebt, so wird euch euer Vater eure Übertretungen auch nicht vergeben.« (Mt. 6,14+15)

Zweitens: Gott vergibt uns so, wie wir andern vergeben. Wenn nur etwas an Bosheit oder Bitterkeit, wenn auch nur ein Schatten von Unfreundlichkeit oder Ärger zurückbleibt, wenn wir nicht eindeutig, völlig und von Herzen allen Menschen ihre Übertretungen vergeben, so verhindern wir damit auch die Vergebung unserer Übertretungen. Gott kann uns dann nicht eindeutig und völlig vergeben.

Und das heißt: Wir fordern ihn heraus: »Du sollst uns nicht vergeben. Wir beten, dass du dich unserer Sünden erinnerst und dass dein Zorn über uns bleibt.« Aber kann man denn ernsthaft so zu Gott beten? Oh, versuche ihn nicht länger! Jetzt, gerade jetzt, vergib um seiner Gnade willen, vergib so wie du möchtest, dass dir vergeben wird! Habe jetzt Mitleid mit deinem Mitknecht, wie Gott Erbarmen mit dir gehabt hat und haben wird!

Orientierung und Ruhe finden

Wir haben einen Trost: Der das Herz geschaffen hat, kann es auch heilen.

Wenn uns gelegentlich eine innere Unruhe überkommt, sollten wir uns zum Gebet zurückziehen, um so der Gnade und dem Licht Gottes Raum zu geben. Im Sehnen des Herzens setzt sich das Gebet fort, auch wenn der Verstand mit äußeren Dingen beschäftigt ist.

*

Man füge dem, was man [für seine Gesundheit] tut, vor allem diese altmodische Medizin hinzu: das Gebet – und glaube an Gott, der »tötet und lebendig macht«.

Geistliches Atemholen

Es gibt so etwas wie eine »geistliche Atmung«; wie der Geist – Gottes Atem – auf die Seele des Menschen zuströmt, so bewegt sich der Geist des Menschen auf Gott zu. Gottes Gnade steigt hinab ins Menschenherz, und Gebet und Lobpreis steigen hinauf zum Himmel. Durch diese Beziehung zwischen Gott und Mensch, durch diese Gemeinschaft mit dem Vater und dem Sohn wird wie durch geistliches Atemholen das göttliche Leben in der Seele erhalten.

*

Kommt, lasst uns hinaufgehen zum Haus unseres Gottes, wo er in Wahrheit angebetet und dieser Tag mit heiliger Freude gefeiert wird. Wir wollen ihn dabei bitten, uns in seiner Gnade zu schenken, was wir brauchen, und wir wollen seine Freigebigkeit preisen, die uns so vieles schenkt.

Gebet

Barmherziger Vater, sieh nicht an, was wir gegen deinen Willen getan haben, sondern sieh auf das, was unser hochgelobter Erlöser für uns getan hat.

Sieh nicht auf das, was wir aus uns gemacht haben, sondern sieh auf das, was Christus in deinem Namen aus uns gemacht hat.

Lehre uns, dich und Jesus Christus, den du uns gesandt hast, zu erkennen. Mache uns fähig, deinen Willen so zu tun, wie er im Himmel geschieht. Hilf uns, dich zu fürchten und uns so mit ganzem Herzen an dich zu halten, dass uns keine Versuchung von dir trennen kann. Lass so alles, was du für uns und mit uns tust, zu Botschaftern deiner Liebe für unsere Seelen werden.

Amen.

Es meine niemand,
seine Liebesmühe sei verloren,
weil ihre Frucht nicht sofort
sichtbar wird.

Heilig bist du, Gott, und treu,
komm, und schaffe mein Herz neu.
Lass mich ganz dein Eigen sein
präge Christi Bild mir ein.
Liebe, unermesslich groß!
Sie gilt allen – grenzenlos!

Offenbare dich in mir
und gestalte mich nach dir.
Mach mich dir im Wesen gleich
und mein Herz an Liebe reich.
Liebe, unermesslich groß!
Sie gilt allen – grenzenlos!

Du bist dem, der leidet nah;
für die Armen bist du da.
Ihre Klage in der Not
hörst du und den Schrei nach Brot.
Liebe, unermesslich groß!
Sie gilt allen – grenzenlos!

Den, der nackt ist, kleidest du,
Trost sprichst du den Kranken zu.
Du verstehst der Witwen Leid,
der Verlassnen Einsamkeit.
Liebe, unermesslich groß!
Sie gilt allen – grenzenlos!

Schwachen Händen gibst du Kraft,
Zuversicht dem, der in Haft.
Unser Weg durch diese Welt
wird von deinem Licht erhellt.
Liebe, unermesslich groß!
Sie gilt allen – grenzenlos!

Liebe, die das Leben schenkt,
Liebe, die an alle denkt,
Liebe, die vom Tod befreit,
Liebe nur bleibt allezeit,
Liebe, unermesslich groß!
Sie gilt allen – grenzenlos!

Das Christentum ist seinem Wesen nach eine soziale Religion.

Ich ermahne euch nun, liebe Brüder, durch die Barmherzigkeit Gottes, dass ihr eure Leiber hingebt als ein Opfer, das lebendig, heilig und Gott wohlgefällig ist. Das sei euer vernünftiger Gottesdienst. Und stellt euch nicht dieser Welt gleich, sondern ändert euch durch Erneuerung eures Sinnes, damit ihr prüfen könnt, was Gottes Wille ist, nämlich das Gute und Wohlgefällige und Vollkommene.
Römer 12, 1–2

Universelle Nächstenliebe

Ein Christ ist voller Liebe zu seinem Nächsten. Diese Liebe ist umfassend, nicht beschränkt auf eine Konfession oder Gruppe. Sie ist nicht begrenzt auf Menschen, die mit ihm der gleichen Meinung sind, die mit ihm in der Gottesdienstgestaltung übereinstimmen oder mit denen ihn Blutsbande oder Nachbarschaft verbinden. Er liebt auch nicht nur die, die ihn lieben oder die ihm durch persönliche Beziehungen besonders nahe stehen. Seine Liebe gleicht vielmehr der Liebe Gottes, dessen Barmherzigkeit allen seinen Werken gilt. Sie geht weit über diese engen Grenzen hinaus und schließt Nachbarn und Fremde, Freunde und Feinde ein.

Liebe spornt an

Die Liebe gibt sich nicht damit zufrieden, dass dem Nächsten kein Schaden zugefügt wird. Sie spornt uns unaufhörlich an, Gutes zu tun, wo immer wir Zeit und Gelegenheit dafür haben, und allen Menschen auf jede nur erdenkliche Weise und in jedem möglichen Umfang Gutes zu tun.

*

Ich besuchte so viele Kranke wie möglich. Es ist, wenn es sich einrichten lässt, sehr viel besser, den Armen die Hilfe persönlich zu bringen, als sie ihnen zu schicken. Das gilt für beide Seiten, für uns und für sie: für sie, weil es für sie wohltuender ist und weil wir sie dann in geistlichen wie in materiellen Dingen unterstützen können; für uns, weil es viel besser unsere Herzen für sie erwärmen kann und uns dazu bringt, viel selbstverständlicher füreinander zu sorgen.

Hilfe für feindliche Kriegsgefangene

Ich ging nach Knowle, das eine Meile von Bristol entfernt liegt, um französische Kriegsgefangene zu besuchen. Wir hatten gehört, dass dort etwa 1100 Menschen auf engem Raum eingesperrt waren. Außer etwas dreckigem Stroh hatten sie nichts, worauf sie sich legen konnten. Zudecken konnten sie sich bei Tag oder Nacht nur mit einigen stinkenden Lumpen. So starben sie wie die Fliegen.

Ich war tief betroffen und predigte am Abend über 2. Mose 23, 9: »Die Fremdlinge sollt ihr nicht unterdrücken; denn ihr wisset um der Fremdlinge Herz, weil ihr auch Fremdlinge in Ägyptenland gewesen seid.« – Achtzehn Pfund wurden sofort zusammengelegt. Die Summe erhöhte sich am andern Tag auf 24 Pfund. Wir kauften davon Leinen- und Wollstoff für Hemden, Westen und Hosen. Einige Dutzend Strümpfe kamen hinzu. Alles wurde sehr sorgfältig an die verteilt, die es am nötigsten hatten. Gleich darauf schickte die Stadtverwaltung von Bristol eine ganze Anzahl Matratzen und Decken. Bald folgten Hilfsgüter aus London und anderen Landesteilen.

Von da an waren sie recht gut mit allem versorgt, was man zum Leben braucht.

Liebe kennt keine Grenzen

Liebe zu Gott bringt ganz selbstverständlich Liebe zu unserem Nächsten hervor, zu jedem menschlichen Geschöpf. Unsere Feinde sind davon nicht ausgenommen, selbst die nicht, die »uns beleidigen und verfolgen«. Das ist also eine Liebe, mit der wir jeden Menschen lieben wie uns selbst, wie unser eigenes Leben. Unser Herr drückt es noch stärker aus, wenn er uns lehrt, »einander zu lieben, wie er uns geliebt hat«. Demnach heißt das Gebot, das all denen ins Herz geschrieben ist, die Gott lieben: »Liebt einander so, wie ich euch geliebt habe.« »Daran haben wir die Liebe erkannt, dass er sein Leben für uns gelassen hat.« »Wir sollen«, wie der Apostel richtig folgert, »auch das Leben für die Brüder lassen.« Wenn wir uns dazu bereit fühlen, dann lieben wir unsern Nächsten wirklich. Dann »wissen wir, dass wir aus dem Tode in das Leben gekommen sind, denn so lieben wir die Brüder«. »Daran erkennen wir,« dass wir von Gott geboren sind, »dass wir in ihm bleiben und er in uns, dass er uns von seinem Geist« der Liebe »gegeben hat«. Denn »die Liebe ist von Gott, und wer« so »liebt, der ist von Gott geboren und kennt Gott«.

Wir sind noch nicht am Ziel

Es gibt Gefühle, die der Liebe zum Nächsten und der Liebe zu Gott widerstreiten. Die Nächstenliebe »denkt nichts Böses«. Wie steht es damit bei uns? Hegen wir nie Eifersucht, bösen Argwohn, unbegründeten oder unberechtigten Verdacht? Wer frei ist von alledem, der werfe den ersten Stein nach seinem Nächsten. Wer spürt nicht manchmal in sich Gefühle, von denen er weiß, dass sie der brüderlichen Liebe widersprechen? Wenn es nicht Hass, Groll oder Bitterkeit sind, so doch vielleicht Spuren von Neid, besonders auf die, die einen Besitz ihr eigen nennen, den wir haben wollen, aber nicht bekommen können. Fühlen wir uns nie im geringsten beleidigt, wenn wir gerade von denen zurückgesetzt oder geschmäht werden, die uns besonders lieb sind oder um die wir uns am meisten bemüht haben? Erzeugen Ungerechtigkeit und Undank in uns nie Rachsucht, den Wunsch, Böses mit Bösem zu vergelten, »statt das Böse mit Gutem zu überwinden«? Dies zeigt, wie viel auch in unseren Herzen noch der Liebe zum Nächsten widerstrebt.

*

Ich habe oft bereut, zu streng geurteilt zu haben, aber nur sehr selten, zu barmherzig gewesen zu sein.

Nächstenliebe ohne Ende

Liebe darf bei dir nicht nur ein vorübergehender Gast sein, sondern sie soll immer deine Seele erfüllen. Achte darauf, dass dein Herz zu allen Zeiten und bei allen Gelegenheiten voll aufrichtiger Nächstenliebe ist – nicht nur zu denen, die dich lieb haben, sondern zu jedem Menschen. Lass dein Herz nach ihr dürsten, lass sie in deinen Augen funkeln. Sie soll sich in all deinem Tun widerspiegeln. Wann immer du deinen Mund auftust, lass es in Liebe geschehen, und gebrauche deine Zunge im Dienst der Freundlichkeit.

Lass dich in deiner Zuwendung nicht einschränken, sondern nimm dich jedes Menschen an. Jeder hat Anspruch auf dein Wohlwollen. Sei wie Augen für die Blinden, wie Füße für die Lahmen, wie ein Ehemann für die Witwe und wie ein Vater für die Waisen.

Üble Nachrede

In dem Maße, wie Sünde in unseren Herzen bleibt, haftet sie auch all unseren Worten und Werken an. Man muss befürchten, dass viele unserer Worte nicht nur von der Sünde angekränkelt, sondern ganz und gar von ihr durchdrungen sind.

Unter dieses Urteil fällt zweifellos jedes lieblose Gespräch, alles, was nicht der Bruderliebe entspringt, alles, was nicht übereinstimmt mit der goldenen Regel: »Alles, was ihr wollt, dass euch die Leute tun sollen, das tut ihnen auch«. Das gleiche gilt, wenn man über jemanden herzieht, schlecht über ihn redet, in seiner Abwesenheit seine Fehler weitererzählt; denn niemand möchte, dass über seine Fehler geredet wird, wenn er nicht dabei ist. Viele machen sich hier schuldig, auch unter den Gläubigen. Wie wenige befolgen ständig die gute alte Regel: »Über Tote und Abwesende soll man nur Gutes sagen!« Doch selbst wenn sie es täten – verzichten sie auch auf jedes unnütze Geschwätz? Nein; und deshalb sind sie zweifellos auch sündhaft und »betrüben den heiligen Geist Gottes«. Vergessen wir nicht: »Die Menschen müssen Rechenschaft geben im Jüngsten Gericht von einem jeglichen unnützen Wort, das sie geredet haben«.

Teufelswerk

Nach der Liebe zu Gott gibt es nichts, was der Teufel so gründlich verabscheut wie die Nächstenliebe. Darum ist ihm jedes Mittel recht, Nächstenliebe zu verhindern oder zu zerstören. Er lässt persönliche oder öffentliche Verdächtigungen ausstreuen und schürt Feindseligkeit, Ressentiments und Streit. So wird der Friede in Familien und Nationen zerstört und die Einheit und Eintracht von der Erde verbannt.

Darin gipfelt seine Kunst: die Menschen gegeneinander aufzubringen, so dass sie am Ende sein Werk treiben und einander in den Abgrund der Zerstörung stürzen. Genauso emsig will er jedes gute Wort und jede gute Tat verhindern. Er ist darauf aus, Unglauben, Atheismus und Feindschaft zu erregen.

Die Liebe siegt

Freue dich an allem, was der Ehre Gottes dient und Frieden und guten Willen unter den Menschen fördert. Decke in Liebe alles zu. Sage über Tote und Abwesende nur Gutes. »Glaube alles«, was in irgendeiner Weise dazu dient, deinen Nächsten zu entlasten. »Hoffe alles« zu seinen Gunsten und »erdulde alles« – triumphiere über jeden Widerstand, denn wahre »Liebe hört nie auf«, weder in Zeit noch in Ewigkeit.

Sei voller Milde, Freundlichkeit, Geduld und Langmut gegenüber allen Menschen. Lass zugleich alles, was in dir ist, nach Gott, dem lebendigen Gott, dürsten. Liebe Gott und alle Menschen! In diesem Geist tue und erleide alles! Zeige so deinen Glauben durch deine Werke.

Lege alles zum Besten aus

Wird über jemanden Böses geredet, so sei vorsichtig in deinem Urteil. Solange du selbst keinen Beweis hast, lege alles zum Besten für den Betroffenen aus. Du weißt: Der Richter soll immer auf der Seite des Angeklagten stehen.

Erzähle nichts Böses über andere weiter. Dein Reden würde sich weiterfressen wie ein Krebsgeschwür. Behalte deine Meinung für dich, bis du mit der betroffenen Person selbst sprechen kannst. Dann sage ihr, was du an ihrem Verhalten für falsch hältst. Es setzt sich sonst in deinem Herzen fest, was du gegen sie hast.

*

Niemand ist ein guter Richter in eigener Sache.

Kein frommes Getratsche!

Von allem Getratsche ist das fromme Getratsche das Schlimmste. Es fügt der Erbarmungslosigkeit die Überheblichkeit hinzu und verrichtet das Werk des Teufels im Namen des Herrn. Die Leiter jeder Gemeinschaft sollen alles dafür tun, dass dieses Übel bei den Methodisten ausgetrieben wird. Sie sollen in ihrer Gruppe oder Klasse auf folgendes achten:

1. Wir sprechen nicht über abwesende Personen, sondern allein von Gott und von uns selbst.
2. Diese Grundregel unseres Gesprächs soll für all unser Reden gelten. Lasst sie uns (abgesehen von einigen notwendigen Ausnahmen) immer und überall beachten.

Wenn das immer wieder eingeschärft wird, wird es sich sehr positiv auswirken.

Üble Nachrede

»Redet über keinen Menschen Übles!« sagt Paulus. Das ist genau so eindeutig wie das Gebot, »du sollst nicht töten!« Aber wer beachtet dies Gebot – selbst unter Christen? Wer versteht es überhaupt?

Üble Nachrede ist nicht, wie manche meinen, dasselbe wie Lügen oder Verleumden. Alles, was man sagt, mag so wahr sein wie die Bibel, und doch kann es, wenn es ausgesprochen wird, zur üblen Nachrede werden. Denn üble Nachrede bedeutet, von einem Abwesenden Böses zu erzählen, das er getan oder gesagt hat. Angenommen, ich habe einen Mann betrunken gesehen oder ich habe ihn fluchen hören, und erzähle es andern in seiner Abwesenheit, so ist das üble Nachrede. In unserem Sprachgebrauch wird dies sehr anschaulich »hinter dem Rücken reden« genannt, denn der Betreffende kann dazu nicht Stellung nehmen. Man spricht auch von Klatsch oder Ohrenblasen. So wird das Gebot, »redet über keinen Menschen Übles!« mit Füßen getreten.

Rufmord

Hör nicht zu, wenn über jemanden Böses geredet wird! Gäbe es keinen, der auf Böses hört, so gäbe es auch keinen, der Böses redet. Ist nicht, wie das Sprichwort sagt, der Hehler so schlimm wie der Stehler? Wenn daher jemand in deiner Gegenwart anfängt, Böses zu reden, so bring ihn sofort zum Schweigen! Weigere dich, die Stimme des Verführers zu hören, so verlockend sie auch klingen mag. Lass ihn in sanftem Ton dahinsäuseln, in immer neuen Beteuerungen des Wohlwollens gegenüber dem, den er gleich im Dunkeln erdolcht! Weigere dich standhaft, ihm zuzuhören, auch wenn der Ohrenbläser darüber klagt, dass er sich »belastet« fühlt, solange er sich nicht ausgesprochen hat.

»Belastet!« Du Narr! Leidest du mit deinem verfluchten Geheimnis »Geburtswehen wie eine Frau mit ihrem Kinde«? Geh doch hin und lass dich von deiner Last entbinden, so wie es der Herr vorgeschrieben hat! »Geh zuerst hin zu deinem Bruder und weise ihn zurecht zwischen dir und ihm allein«. Dann »nimm noch einen oder zwei« gemeinsame Freunde mit dir und sage es ihm in deren Gegenwart. Bleiben diese beiden Schritte wirkungslos, dann »sage es der Gemeinde«. Aber wenn du deine Seele nicht in Gefahr bringen willst, so sage es niemand anderem, weder vorher noch nachher, abgesehen von dem einen Ausnahmefall, dass es zur Rettung eines Unschuldigen unbedingt nötig ist! Warum solltest du auch noch einen anderen belasten und ihn an deiner Sünde mitschuldig machen?

Willst du den Menschen gefallen, so lebe Gott zu Gefallen.

Sie blieben aber beständig in der Lehre der Apostel und in der Gemeinschaft und im Brotbrechen und im Gebet. Es kam aber Furcht über alle Seelen, und es geschahen auch viele Wunder und Zeichen durch die Apostel. Alle aber, die gläubig geworden waren, waren beieinander und hatten alle Dinge gemeinsam. Sie verkauften Güter und Habe und teilten sie aus unter alle, je nach dem es einer nötig hatte. Und sie waren täglich einmütig beieinander im Tempel und brachen das Brot hier und dort in den Häusern, hielten die Mahlzeiten mit Freude und lauterem Herzen und lobten Gott und fanden Wohlwollen beim ganzen Volk. Der Herr aber fügte täglich zur Gemeinde hinzu, die gerettet wurden.
Apostelgeschichte 2, 42–47

Gerechtigkeit erhöht ein Volk

Zum Ruhm einer Nation ist nicht Wohlstand nötig, sondern Weisheit und Ehrlichkeit, Gerechtigkeit, Barmherzigkeit, Großzügigkeit, Gemeinsinn und Liebe zum Volk. Es ist viel besser, keinen Wohlstand zu haben, als ihn auf Kosten der Ehrlichkeit zu erlangen. Armut in Rechtschaffenheit ist besser als alle Reichtümer, die man mit Tränen, mit dem Schweiß und Blut unserer Mitgeschöpfe erkauft.

*

Wendet euch gegen Bestechlichkeit, gegen das Annehmen von Geschenken oder Vergünstigungen, durch die bei Wahlen die Stimmabgabe beeinflusst werden soll. Nehmt dabei auf Stellung und Einfluss der Politiker keine Rücksicht!

*

Gib deine Stimme ab, aber verkaufe sie nicht!

Krieg und Frieden

Alle Reden über die Kraft des menschlichen Verstandes und unsere hervorragenden Tugenden sind nichts anderes als scheinheilige Phrasen und der Jargon des Stolzes und der Unwissenheit, solange es in der Welt so etwas wie Krieg gibt. Menschen kann man solange nicht als vernunftbegabte Wesen ansehen, bis sie den Krieg nicht mehr kennen. Solange dieses Gespenst unkontrolliert herumgeistert – wo bleiben Verstand, Tugend, Menschlichkeit?

*

Du tust gut daran, dem Frieden nachzujagen. Nichts ist wünschenswerter. Man würde alles dafür hergeben – außer einem guten Gewissen. Doch du kannst ihn nur erreichen, wenn du eng mit Gott verbunden bleibst.

Gleichberechtigung

Was gibt euch das Recht, Frauen daran zu hindern, die Regierung zu wählen, so wie es die Männer tun? Sind sie nicht genau so frei, ihre Rechte auszuüben wie die Männer? Haben sie nicht ihren eigenen Willen? Sind sie etwa nicht Bürgerinnen des Staates? Gehören sie nicht auch zu den Menschen, die den Staat bilden? Mit welchem Argument wollt ihr begründen, dass Frauen von Natur aus nicht ebenso frei sind wie Männer?

Mit welchem Recht schließt ihr einen Mann von der Zugehörigkeit zum Volk aus, weil er keine vierzig Schilling oder eine Silbermünze im Jahr verdient [das Mindesteinkommen, das zur Wahl berechtigte]? Ist er nicht ein Mensch – unabhängig davon, ob er reich oder arm ist? Hat er nicht das Recht, sich von seinem eigenen Willen bestimmen zu lassen?

Gefahren der Macht

Seit die Christen mit Macht, Reichtum und allen denkbaren Ehren überhäuft wurden, ist eine Flut von Lastern aller Art über Geistliche und Laien hereingebrochen. Seit Kirche und Staat, das Reich Gottes und die Reiche der Welt, auf so merkwürdige und unnatürliche Weise miteinander verschmolzen wurden, sind Christentum und Heidentum gründlich miteinander vermischt worden. Sie werden kaum noch voneinander zu trennen sein, bis Christus kommt, um die Herrschaft auf dieser Erde anzutreten.

Religionsfreiheit

Was bedeutet Freiheit, wenn dieser Begriff zutreffend gebraucht wird? Was bedeutet Freiheit, wie sie sich jeder weise und gute Mensch wünscht? Sie bedeutet religiöse und bürgerliche Freiheit.

Religionsfreiheit ist die Freiheit, unseren eigenen Glauben zu wählen und Gott anzubeten, wie es unserem Gewissen und unserer Erkenntnis entspricht. Jeder hat ein Recht darauf, weil er ein Mensch ist, also ein mit Verstand ausgestattetes Geschöpf. Jeder muss seine Entscheidung treffen, weil jeder Mensch sich vor Gott verantworten muss.

Was ist bürgerliche Freiheit? Es ist die Freiheit, unser Leben und unser Schicksal auf unsere Weise zu gestalten, und unseren Besitz, alles, was uns rechtmäßig gehört, nach unserer eigenen Vorstellung zu gebrauchen.

*

Gib Freiheit, wem Freiheit gebührt, also jedem Menschenkind.

Geld und Gnade

Ich habe oft an Sie gedacht, weil Sie alles besitzen, was die Welt beneidenswert oder erfreulich nennt: Gesundheit, Freunde, freie Zeit. Erlauben Sie mir, Sie anzuflehen, weiter zu schauen als nur auf diese Dinge, wenn es um das Glücklichsein geht.

Die Gefahren des Wohlstands sind groß, und Sie scheinen sie wahrzunehmen. Wenn Armut den Verstand einengt und niederdrückt, so untergraben Reichtümer seine Kraft, zerstören seine Vitalität und nähren seine Launen. Aber der größte Nachteil einer gehobenen Stellung ist der: Sie hält uns von Elendsvierteln und Armut fern. Wir sind geneigt, den Hochgestellten einen Mangel an Gefühl vorzuwerfen, aber was ihnen wirklich fehlt, ist, dass sie die Armen überhaupt wahrnehmen.

(Aus einem Brief an Dr. Wrangel)

Gold und Silber sind gute Gaben

Gold und Silber sind sehr gute Gaben Gottes, die den edelsten Zwecken dienen. In den Händen von Gotteskindern werden sie zu Nahrung für die Hungrigen, Wasser für die Durstigen, Kleidung für die Nackten. Geld verschafft dem Reisenden und Fremden einen Platz, an dem er sein Haupt niederlegen kann. Mit Geld können wir Witwen und Waisen versorgen.

*

Es ist traurig zu beobachten, dass die, die das meiste Geld haben, gewöhnlich die wenigste Gnade haben.

Ein guter Haushalter?

Als ich vor vielen Jahren in Oxford war, kam an einem kalten Wintertag ein junges Mädchen aus unserer Schule zu mir. Ich sagte: »Du siehst halb erfroren aus. Hast du nichts anderes zum Anziehen als dieses dünne Leinenkleid?« Sie sagte: »Herr, das ist alles, was ich habe!« Ich griff in meine Tasche, bemerkte aber, dass ich kaum noch Geld hatte. Ich hatte gerade ausgegeben, was ich besaß. Sofort durchfuhr es mich: »Wird dein Herr sagen ›Gut gemacht, du guter und treuer Haushalter‹? Du hast deine Wände mit dem Geld geschmückt, das dieses arme Geschöpf vor der Kälte geschützt hätte!«

Waisenkinder sind wichtiger

Nachdem du vor einiger Zeit von hier weggegangen warst, hörte ich etwas, das mich sehr betroffen machte, nämlich dass das College oder die Akademie in Georgia das Gebäude des Waisenhauses übernommen hat. Soll ich mein Urteil abgeben, ohne danach gefragt worden zu sein? Ich denke, unsere Freundschaft verlangt, dass ich das tue. Sind dabei nicht zwei Gesichtspunkte zu beachten, einmal die Barmherzigkeit und zum anderen die Gerechtigkeit? Zur Barmherzigkeit ist zu fragen: Gibt es etwas Barmherzigeres auf der Erde als Waisen aufzuziehen? Was ist im Vergleich dazu ein College oder eine Akademie?

Ich weiß um den Wert des Lernens und fürchte, es eher zu hoch als zu niedrig einzuschätzen. Trotzdem steht die Übergabe dieses Hauses an fünfhundert Studenten nicht auf einer Ebene mit der Rettung der Körper, wenn nicht sogar der Seelen, von fünfhundert Waisenkindern.

(Aus einem Brief an George Whitefield)

Gnade ist die Quelle, Glaube die Bedingung des Heils.

Ein Mann aus Äthiopien, ein Kämmerer und Mächtiger am Hof der Kandake, der Königin von Äthiopien, zog wieder heim und saß auf seinem Wagen und las den Propheten Jesaja. Der Geist aber sprach zu Philippus: Geh hin und halte dich zu diesem Wagen! Da lief Philippus hin und hörte, dass er den Propheten Jesaja las, und fragte: Verstehst du auch, was du liest? Er aber sprach: Wie kann ich, wenn mich nicht jemand anleitet? Und er bat Philippus, aufzusteigen und sich zu ihm zu setzen. Philippus aber tat seinen Mund auf und fing mit diesem Wort der Schrift an und predigte ihm das Evangelium von Jesus. Und als sie auf der Straße dahinfuhren, kamen sie an ein Wasser. Da sprach der Kämmerer: Siehe, da ist Wasser; was hindert's, dass ich mich taufen lasse? Philippus aber sprach: Wenn du von ganzem Herzen glaubst, so kann es geschehen. Er aber antwortete: Ich glaube, dass Jesus Christus Gottes Sohn ist. Und er ließ den Wagen halten, und beide stiegen in das Wasser hinab, Philippus und der Kämmerer;

und er taufte ihn. Der Kämmerer zog aber seine Straße fröhlich.
Apostelgeschichte 8, 26 ff (Auswahl)

Mit dem Glauben fängt es an

Wer Vergebung erfahren und mit Gott versöhnt sein möchte, sage nicht in seinem Herzen: »Ich muss zuerst dies oder jenes tun. Ich muss zuerst alle Sünden besiegen, von allen bösen Worten und Werken lassen und allen Menschen Gutes tun.« Oder: »Ich muss zuerst in die Kirche gehen, das Abendmahl empfangen, öfter Predigten hören und mehr beten.« O weh, da bist du völlig im Irrtum! Du kennst Gottes Gerechtigkeit noch nicht und versuchst, deine eigene Gerechtigkeit als Voraussetzung für deine Versöhnung aufzurichten. Weißt du nicht, dass du, solange du noch nicht mit Gott versöhnt bist, nur sündigen kannst? Weshalb sagst du dann: »Ich muss zuerst dies oder jenes tun, dann werde ich glauben«? Nein, glaube zuerst! Glaube an den Herrn Jesus Christus, der die Versöhnung für deine Sünden ist. Lass zuerst diesen guten Grund gelegt sein, dann wird dir alles gelingen.

Glaube nur

In Glaubensdingen bin ich für möglichst wenig Neuerungen. Alter Wein ist mir am liebsten.

*

Argumentiere nicht mit Gott, sondern glaube! Klammere dich wie ein kleines Kind an ihn, dann werden deine Augen sein ganzes Heil schauen!

*

Der Glaube ist wohl die Tat des Menschen, aber eine Gabe Gottes. Denn keiner hat je geglaubt, es sei denn, Gott gab ihm die Kraft dazu.

Allein durch Christus

Im Herzen eines jeden Menschen gibt es einen unerschöpflichen Vorrat an Gottlosigkeit und Ungerechtigkeit. Beide sind tief in der Seele verwurzelt, und nur die allmächtige Gnade kann diesen Schaden heilen.

*

Selbst die besten Menschen bedürfen des Christus in seinem priesterlichen Amt, damit er ihre Unterlassungen, ihre Mängel, ihre Fehlurteile, ihre falsche Lebensführung und alle ihre Schwächen sühnt.

*

Unter Erlösung verstehe ich nicht nur – wie es die landläufige Vorstellung ist –, daß wir der Hölle entrinnen oder in den Himmel kommen, sondern daß wir schon jetzt frei werden von der Sünde, daß unsere Seele ihre ursprüngliche Gesundheit und Reinheit wiedererlangt. Das ist eine Wiederherstellung des göttlichen Wesens, die Erneuerung unserer Seele nach dem Ebenbilde Gottes.

Gebet

Herr, wie sind deine Werke so groß und viel! Du hast sie alle in Weisheit geschaffen. Der Tag ist dein, und auch die Nacht gehört dir. Du hast das Licht und die Sonne gemacht. Wir sagen dir Dank für alle Wohltaten, die du der ganzen Welt erwiesen hast – besonders aber uns, denen du das Wissen von deiner Gnade in Jesus Christus geschenkt hast.

Sieh in Gnaden die guten Vorsätze an, die du, barmherziger Vater, uns durch deinen Geist eingegeben hast. Wir bitten dich: Stärke uns darin durch deine bleibende Gnade, damit keine jähen Begierden, keine leidenschaftlichen Neigungen, nutzlose Vorhaben oder irgendwelche Voreingenommenheit uns zu falscher Selbsteinschätzung verleiten, sondern dass wir beständig all die Früchte der Gerechtigkeit hervorbringen, die Christus Jesus wirkt.

Amen.

Wir möchten jeden Tag dazulernen und dann ändern, was wir verbessern können.

Wir suchen, Herr, dein Angesicht.
Du hörst gewiss das Flehn,
wenn wir, durch deiner Gnade Licht
vereint, nun vor dir stehn.

Vollkommen ist das feste Band
der Liebe, die du bist.
Gib uns in unser Herz und Hand
den Sinn, der in dir ist.

Gewähre dies und dann: von hier
entrück uns wie im Traum.
Wer schon vollkommen hier in dir,
der spürt den Wechsel kaum.

Ins Paradies wird ohne Leid
die Seele so entfliehn,
auf Engelsflügeln ohne Zeit
durch alle Himmel ziehn.

Scheint Freude ohne Ende dies
und Heil, das ewig ist –
in Himmel, Erd und Paradies
die Liebe alles ist.

Die Liebe ist das Ziel der ganzen christlichen Lehre.

Und siehe, da stand ein Schriftgelehrter auf, versuchte ihn und sprach: Meister, was muss ich tun, dass ich das ewige Leben ererbe? Er aber sprach zu ihm: Was steht im Gesetz geschrieben? Was liest du? Er antwortete und sprach: Du sollst den Herr, deinen Gott, lieben von ganzem Herzen, von ganzer Seele, von allen Kräften und von ganzem Gemüt, und deinen Nächsten wie dich selbst. Er aber sprach zu ihm: Du hast recht geantwortet; tu das, so wirst du leben.
Lukas 10, 25–28

Unvollkommene Vollkommenheit 1

Wir behaupten mit Nachdruck, dass es in diesem Leben keine Vollkommenheit gibt, die uns davon entbindet, Gottes Ordnungen zu befolgen, Gutes an allen Menschen zu tun, so lange wir können – besonders an des Glaubens Genossen.

Wir meinen, dass die »Kinder in Christus«, die erst vor kurzem die Erlösung durch sein Blut gefunden haben, wie auch die anderen, die schon zu »vollkommenen Männern« herangewachsen sind, verpflichtet sind, so oft wie möglich, »Brot zu essen und Wein zu trinken zu seinem Gedächtnis«. Sie sollen auch in der Schrift forschen, »ihren Leib durch Fasten und Mäßigkeit im Zaum halten« und für alles im Gebet eintreten – und dies im Verborgenen wie »in der großen Versammlung«.

Wir meinen, dass es in diesem Leben keine Vollkommenheit gibt, die uns völlig befreit von Unwissenheit und Irrtum in nicht heilsnotwendigen Dingen oder von den vielen Versuchungen und zahllosen Schwächen, mit denen unser nichtiger Leib die Seele niederdrückt. Die Heilige Schrift gibt uns keinen Grund anzunehmen, ein »Bewohner einer irdischen Hütte« sei völlig frei von körperlichen Gebrechen oder von Unwissenheit in vielen Dingen oder er dürfe sich einbilden, er könne nicht in Irrtum oder Versuchung fallen.

Unvollkommene Vollkommenheit 2

Wir halten den für vollkommen, der »gesinnt ist, wie Jesus Christus auch war«, der so »wandelt, wie Jesus Christus gewandelt ist«, der »reine Hände und ein reines Herz« hat, der gereinigt ist von »aller Befleckung des Fleisches und des Geistes«, der kein Ärgernis gibt und »keine Sünde begeht.« Wir verstehen darunter einen Menschen, den »Gott an Leib, Seele und Geist geheiligt hat«, der »im Lichte wandelt, wie er im Lichte ist«, in dem sich überhaupt keine Finsternis mehr befindet, denn »das Blut Jesu Christi, seines Sohnes, hat ihn gereinigt von allen Sünden«.

Da Gott, der ihn berufen hat, heilig ist, ist auch er heilig in seinem Herzen und in all seinen Gedanken, Worten und Werken. Er »liebt den Herrn, seinen Gott, von ganzem Herzen und dient ihm mit allen seinen Kräften«. Er »liebt seinen Nächsten wie sich selbst«, ja, wie uns Christus geliebt hat – besonders die, die ihn verspotten und verfolgen, weil sie weder den Sohn noch den Vater kennen. Seine Seele ist voller Liebe, erfüllt mit herzlicher Barmherzigkeit, Güte, Sanftmut, Freundlichkeit und Langmut. Darum zeigt sich in seinem Leben das Werk des Glaubens, die Geduld der Hoffnung und das

Wirken der Liebe. Mit einem Wort: Er tut Gottes Willen auf der Erde, wie er im Himmel getan wird.

Das heißt vollkommen zu sein, das heißt, völlig geheiligt zu sein.

Gefährliche Schwärmerei

Hüte dich vor der Schwärmerei! Sie ist die Tochter des Stolzes. Halte dich so fern wie möglich von ihr! Gib der erhitzten Einbildung keinen Raum und schreibe nicht schnell oder übereilt Gott irgend etwas zu. Setze nicht leichtgläubig voraus, dass Träume, Stimmen, Eindrücke, Visionen oder Offenbarungen von Gott wären. Sie können von ihm sein, aber auch von der Natur oder vom Teufel. Daher »glaube nicht einem jeden Geist, sondern prüfe die Geister, ob sie von Gott sind«. Prüfe alles anhand des geschriebenen Wortes und ordne ihm alles unter. Du gerätst sofort in die Gefahr der Schwärmerei, sobald du nur im geringsten von der Heiligen Schrift abweichst, von dem einfachen wörtlichen Sinn eines Bibeltextes in seinem Zusammenhang. Ebenso bist du in Gefahr der Schwärmerei, wenn du Vernunft, Wissen oder menschliche Gelehrsamkeit verachtest oder gering schätzt. Sie alle sind vortreffliche Gaben Gottes und können zu den edelsten Zwecken dienen.

Nüchternheit ist nötig

Ich rate dir, die Worte Vernunft, Weisheit und Wissen nie verächtlich zu gebrauchen. Im Gegenteil, bitte Gott, dass du selbst an ihnen immer reicher wirst. Meinst du aber weltliche Weisheit, nutzloses Wissen, falschen Gebrauch der Vernunft, so nenne es auch so! Wirf die Spreu weg und nicht den Weizen!

Was mehr als alles andere zur Schwärmerei führt, ist, ein Ergebnis zu erwarten, ohne die entsprechenden Mittel anzuwenden – zum Beispiel einen Zuwachs an Erkenntnis, ohne in der Heiligen Schrift zu forschen und die Kinder Gottes um Rat zu fragen, die Erwartung geistlicher Kraft, ohne beständiges Gebet und Wachsamkeit; die Hoffnung auf Segen, ohne das Wort so oft wie möglich zu hören.

Nutze jede Gelegenheit

Eine der wichtigsten Regeln des Glaubens heißt: Lass keine Gelegenheit ungenutzt vorübergehen, Gott zu dienen. Da nun Gott für uns unsichtbar ist, sollen wir ihm in unserem Nächsten dienen; und das wird er als Tat für sich selbst annehmen – als ob er sichtbar vor uns stünde.

Gott liebt keine unbeständigen Menschen. Er liebt auch keine guten Werke, die nur hin und wieder getan werden. Ihm gefällt nur das, was seiner Beständigkeit entspricht.

So ist die ständige Aufmerksamkeit für den Dienst, den er uns anvertraut hat, ein Zeichen echter Frömmigkeit.

*

Ohne Fleiß sind wir weder für diese, noch für die kommende Welt geeignet.

*

Es ist eine große Sache, das Jetzt zu ergreifen und zu nutzen.

Völlige Liebe

Unter Vollkommenheit verstehe ich »völlige Liebe, Gott zu lieben von ganzem Herzen«, das heißt, »allezeit fröhlich zu sein, ohne Unterlass zu beten und dankbar zu sein in allen Dingen«. Ich behaupte aber nicht, dass ein Mensch sich im Zustand der Verdammnis oder unter dem Fluch Gottes befindet, wenn er dieses Ziel noch nicht erreicht hat. Nein, er befindet sich im Zustand der Gnade und unter dem Wohlgefallen Gottes, solange er glaubt.

*

In der Kirche sollen wir uns verhalten wie die Heiligen im Himmel – und zu Hause wie die heiligsten Menschen in der Kirche: Wir sollen zu Hause arbeiten, wie wir in der Kirche beten – und Gott dabei aus tiefstem Herzen ehren.

Lästiges Gezänk

Ich habe die Nase voll von Meinungen. Ich kann sie nicht mehr hören. Meine Seele ekelt sich vor dieser seichten Kost. Gib mir festen und kräftigen Glauben. Gib mir einen demütigen und gütigen Liebhaber Gottes und der Menschen.

*

O dass ich mit keinem Menschen Streit hätte! Aber wenn ich schon streiten muss, dann mit Menschen, die Verstand haben.

*

Lass dir keine Vorurteile gegen das Christentum von solchen Menschen einpflanzen, die es überhaupt nicht kennen.

Fehler und Unwissenheit

Der Teufel hält Menschen um so fester in Gefangenschaft, je mehr sie sich selbst in Freiheit wähnen.

*

Fehler und Unwissenheit gehören in unserer gegenwärtigen Existenz untrennbar zu unserem Menschsein!

*

Unser Gewissen ist weit davon entfernt, ein unfehlbarer Führer zu sein, denn jede schlechte Veranlagung hat die Tendenz, den Richter zu bestechen und zu blenden.

Liebe – Essenz aller Tugend und Vollkommenheit

Selbst wenn du in festem Glauben stehst, dich tiefe Demut bestimmt und beide mit lebendiger Hoffnung erfüllt sind, selbst wenn du dadurch ein weitgehend reines Herz hast, fehlt dir immer noch Eines: Wenn du vollkommen sein willst, geht es nicht ohne die Liebe. »So ist nun die Liebe des Gesetzes Erfüllung;« sie ist »die Hauptsumme jeder Unterweisung.« Großartiges ist über die Liebe zu sagen: Sie ist der Inbegriff, der Geist, das Leben jeder Tugend. Sie ist nicht nur das erste und das größte Gebot, nein, in ihr sind alle Gebote zusammengefasst. Was wahrhaftig ist, was ehrbar, was rein, was liebenswert und ehrenwert, was als Tugend gilt oder Lob verdient – all das ist zusammengefasst in dem einen Wort Liebe. In ihr liegen Vollkommenheit, Herrlichkeit und Glück. Das königliche Gesetz im Himmel und auf Erden lautet so: »Du sollst Gott, deinen Herrn, lieben von ganzem Herzen, von ganzer Seele, von ganzem Gemüte und von allen deinen Kräften.«

Nicht, als ob uns dies nun verböte, etwas anderes außer Gott zu lieben. Es schließt ja ein, dass wir »auch unseren Bruder lieben.« Außerdem verbietet es uns durchaus nicht (wie einige seltsamerweise meinen), dass wir uns auch an anderem freuen als nur an Gott. Wenn das der Fall wäre, bedeutete es ja, den Brunnquell der Heiligung als unmittelbaren Urheber der Sünde zu betrachten. Er hat doch die Freude unlösbar damit verbunden, dass wir uns alles Geschaffene zunutze machen. Wir brauchen es ja zum Leben, das er uns gegeben hat. Deshalb kann sein Gebot eine solche Bedeutung auf gar keinen Fall haben.

Selbsterkenntnis

Wenn du nun weißt, dass er alle deine Sünden weggenommen hat, so demütige dich um so mehr vor ihm, weil dir bewusst ist, dass du völlig von ihm abhängig bist, bei jedem guten Gedanken, jedem guten Wort und jeder guten Tat. Denke daran, dass du zu allem Guten ganz und gar unfähig bist, wenn er dich nicht immer wieder dazu befähigt.

*

Guter Gott, vergib mir all meine früheren Sünden und lass mich Tag für Tag jede Gelegenheit fleißiger und eifriger nutzen, dass meine Seele im Glauben, in der Liebe und im Gehorsam wächst.

Lass nicht zu, dass mein Herz auf der Reise durch diese Welt nur darauf gerichtet ist, sondern richte meine ganze Aufmerksamkeit und mein ungeteiltes Verlangen auf Lohn meiner hohen Berufung.

Eins lass mich tun: Lass mich dies so ernst nehmen, dass ihm alle Dinge dienen; lass mich alles sorgfältig so gebrauchen, dass es meine Seele fähig macht für die reine Seligkeit, die du denen bereitet hast, die dich lieben.

Amen.

Sei ein guter Haushalter jeder Gabe Gottes, auch der geringsten.

Wer unter euch hat einen Knecht, der pflügt oder das Vieh weidet, und sagt ihm, wenn der vom Feld heimkommt: Komm gleich her und setz dich zu Tisch? Wird er nicht vielmehr zu ihm sagen: Bereite mir das Abendessen, schürze dich und diene mir, bis ich gegessen und getrunken habe; danach sollst du auch essen und trinken? Dankt er etwa dem Knecht, dass er getan hat, was befohlen war? So auch ihr! Wenn ihr alles getan habt, was euch befohlen ist, so sprecht: Wir sind unnütze Knechte; wir haben getan, was wir zu tun schuldig waren.
Lukas 17, 7 – 10

Familienleben

Der Mensch, der in deinem Haus zuerst deiner Fürsorge bedarf, ist ohne Zweifel deine Frau. Du sollst sie lieben, wie Christus die Gemeinde geliebt hat.

Nach deiner Frau kommen deine Kinder, unsterbliche Seelen, die Gott für eine gewisse Zeit deiner Fürsorge anvertraut hat. Du sollst sie in der Heiligung erziehen und sie auf die Freude eines ewigen Lebens mit Gott vorbereiten. Das ist eine großartige und wichtige Verantwortung, denn eine einzige Seele hat einen größeren Wert als die ganze Welt.

*

In meinen achtzig Lebensjahren bin ich nicht einer einzigen Frau begegnet, die mit ihren Enkelkindern richtig umgehen konnte. Meine eigene Mutter, die ihre Kinder so gut lenkte, konnte nie ein Enkelkind lenken. Sei deiner Mutter in jedem Punkt gehorsam, ordne dich ihrem Willen unter – was aber die Erziehung deiner Kinder angeht: da halte die Zügel fest in deinen eigenen Händen.

Eine christliche Ehe

Lasst eure Ehe durch das Gebet geheiligt sein. Betet ernsthaft um Gottes Segen.

Es ist eine dumme Gottlosigkeit, wenn sich ein Mensch an den Tisch setzt, so wie ein Pferd an die Krippe kommt, ohne zuvor Gott um seinen Segen für das Essen zu bitten. Danach geht er vom Tisch weg wie der Fuchs von seiner Beute, ohne den zu preisen, der ihm Nahrung und Appetit gegeben hat. Genau so ist es eine große Ungehörigkeit, wenn Ehepaare wie wilde Tiere zusammenkommen, ohne Gebet oder Dank.

Daraus ergibt sich der gute Rat an junge unverheiratete Leute, sich bei der Eheschließung beraten zu lassen. Eine so wichtige Sache sollte man nicht zu hastig angehen. Wenn sie nicht zuerst ihre Herzen mit Gnade und ihre Köpfe mit Weisheit füllen lassen, werden sie ihre Hände mit Mühe, ihr Haus mit Schwierigkeiten und ihr Leben mit Kummer angefüllt finden.

Wer mit einem kurzen Stab über einen breiten Graben springen will, fällt mitten hinein; und wer ohne Gnade in die Ehe geht, fällt in Unruhe und Verwirrung.

Frühe Unterweisung

Du musst dich besonders bemühen, deine Kinder frühzeitig, klar, planmäßig und geduldig zu unterweisen. Gib ihnen von der Stunde an Unterricht, in der du merkst, dass ihr Verstand sich regt. Es kann nämlich sein, dass die Wahrheit viel eher den Geist zu erleuchten beginnt, als wir das bemerken können. Wenn man also feststellt, dass die Denkfähigkeit des Kindes erwacht, kann man ihr schrittweise geeignete Anregungen zur Beschäftigung geben. So kann man die Augen und die Seele des Kindes auf gute Dinge richten statt auf schlechte und nebensächliche. Wenn ein Kind zu sprechen anfängt, kannst du sicher sein, dass sein Verstand zu arbeiten beginnt. Ich kenne keinen Grund, warum Eltern nicht gerade zu diesem Zeitpunkt anfangen sollten, mit ihnen von den besten, von göttlichen Dingen zu sprechen. Von da an sollte keine Gelegenheit versäumt werden, den Kindern alle diese Wahrheiten zu vermitteln, so weit sie sie erfassen können.

Wahrer Reichtum

Nehmen wir an, ihr macht euch Gedanken über die Berufswahl für eure Söhne. Wenn ihr als Eltern Gott liebt und ehrt, wird dies ganz sicher eure wichtigste Frage sein: In welchem Beruf wird mein Sohn am ehesten Gott lieben und ihm dienen können? Bei welcher Beschäftigung wird er die beste Gelegenheit finden, »Schätze im Himmel zu sammeln«? Ich bin zutiefst erschrocken, wenn ich sehe, wie wenig selbst fromme Eltern dies bedenken! Sogar sie denken nur daran, wie er das meiste Geld verdienen kann und nicht, wie er am besten im Glauben wachsen kann!

*

Die Erde ist eine Leiter zum Himmel.

Das Vorrecht der Jugend

Ihr Jungen besitzt mehrere Vorzüge, die wohl nur euch auszeichnen. Ihr habt im allgemeinen eine geistige Beweglichkeit und ein Temperament, das euch durch Gottes Gnade willig und fähig macht, viel Gutes zu tun, wo andere entmutigt untätig bleiben. Ihr habt eure Gesundheit und die körperlichen Kräfte, die euch in besonderer Weise für einen Dienst an Kranken und Schwachen qualifizieren. Ihr seid auch in der Lage, die Kreuze, die auf dem Weg liegen mögen, auf euch zu nehmen und zu tragen. Setzt deshalb alle Körper- und Geisteskräfte im Dienst an euren leidenden Brüdern ein; und dankt Gott dafür, dass ihr sie zu einem so wichtigen Dienst gebrauchen könnt.

Nicht Natur, sondern Schöpfung

Die Mehrzahl der Eltern fördert einen natürlichen Atheismus, sogar diejenigen, die Gott lieben oder wenigstens fürchten. Das geschieht, wenn sie Stunden oder gar Tage mit ihren Kindern verbringen und dabei kaum einmal den Namen Gottes nennen.

Nähren Eltern den Atheismus nicht auch dadurch, dass sie die Werke der Schöpfung dem Wirken der Natur zuschreiben? Lässt nicht das übliche Reden über die Natur Gott völlig außer Betracht?

Vom ersten Dämmern des Verstandes an präge deinen Kindern immer wieder ein: Gott ist hier und an jedem Ort. Gott hat dich und mich gemacht, die Erde, die Sonne, den Mond, einfach alles. Alles gehört ihm: Himmel und Erde und alles, was darinnen ist. Gott ordnet alle Dinge. Er lässt die Sonne scheinen, den Wind wehen und die Bäume Früchte tragen. Nichts geschieht durch Zufall; das ist ein dummes Wort, denn so etwas wie Zufall gibt es nicht.

Beharrlichkeit führt zum Ziel

Höre nie mit deiner Liebesmühe auf, bis du ihre Früchte siehst. Du wirst erkennen, wie sehr du dafür Kraft von oben brauchst. Ohne sie hat die Geduld dazu nie ausgereicht und wird auch nie ausreichen.

Wenn du deine Kinder von frühester Kindheit an beharrlich auf verständliche Weise unterwiesen hast und doch gegenwärtig keine Früchte deiner Mühe siehst, dann schließe daraus nicht, dass es auch keine geben wird. »Das Brot, das du über das Wasser fahren lässt«, wird vielleicht nach langer Zeit gefunden. Der Same, der lange in der Erde geruht hat, kann schließlich doch aufgehen und reiche Ernte bringen – zumal dann, wenn du nicht aufhörst, Gott darum zu bitten.

Liebe macht die Mühe leicht

Wie oft gibst du deinen Kindern zu essen? Sicher nicht weniger als dreimal am Tag. Ist die Seele von geringerem Wert als der Leib? Wirst du ihr nicht ebenso oft Nahrung geben? Wenn du das für zu beschwerlich hältst, stimmt etwas nicht in deinem Denken. Du liebst entweder deine Kinder nicht genug oder den nicht, der euer gemeinsamer Vater ist. Demütige dich vor ihm. Bitte ihn, dir mehr Liebe zu geben, und Liebe wird deine Mühe leicht machen.

Ein Beispiel geben

Sei besonders sorgfältig darauf bedacht, deinen Kindern ein Beispiel und Vorbild der Tugenden vorzuleben, die du sie lehrst. Lass sie niemals etwas sehen oder hören, das sie nicht nachmachen sollen. Wir müssen Kinder so achten und ernstnehmen, dass nichts in ihrer Gegenwart getan wird, das ihre zarten Gemüter verletzen könnte.

Was ihr geistliches Wohl angeht, so ist es eure erste Liebespflicht, sie Gott in der Taufe zu übergeben. Ihr müsst sie an das Gute gewöhnen, sie anleiten und ermahnen, um sie in der Weisheit und der Furcht Gottes zu erziehen. Ihr müsst ihrer Seele so zeitig wie möglich die grundlegenden Wahrheiten der Religion schmackhaft machen, soweit es ihren Fähigkeiten entspricht, sich in die Heiligung einzuüben. Jede Anleitung sollte von einem guten Beispiel unterstützt werden.

Zorn macht blind

Wenn ein Mensch zornig ist, kann er nicht mehr klar sehen. Macht die Erregung nicht die Augen des Verstandes blind, so wie Rauch die leiblichen Augen? Wie wenig können wir von denen lernen, die alles nur wie durch eine Wolke sehen! Zurechtweisungen darf man nicht im Zorn erteilen. Sie verlieren dann jede Wirkung auf das Kind. Es würde nämlich denken, es würde zurechtgewiesen, weil die Eltern zornig sind und nicht, weil es einen Fehler begangen hat.

Offenheit für Neues

Ich muss euch im Namen Gottes dringend bitten: Seid bereit, eure Überzeugungen zu ändern! Was immer ihr an Vorurteilen durch eure Erziehung, eure Gewohnheiten oder durch Vorbilder übernommen habt: Trennt euch von ihnen so weit wie möglich! Seid bereit, euch von Gott oder Menschen erleuchten zu lassen! Verschließt eure Augen nicht davor! Freut euch vielmehr darüber, dass ihr mehr seht als zuvor, dass euch die Augen des Verstandes geöffnet wurden.

Ihr, die ihr den Morgen, vielleicht den Mittag des Lebens schon hinter euch habt, die ihr vielleicht schon vom Schatten der Abenddämmerung erfasst werdet, gebt der kommenden Generation ein besseres Beispiel. Seht zu, dass ihr jeden Augenblick nutzt, der euch bleibt.

*

Als ich viel jünger war als jetzt, hielt ich mich selbst beinahe für unfehlbar; aber ich danke Gott, dass ich mich jetzt besser kenne.

Wir haben nicht die Freiheit, mit dem, was er in unsere Hände gelegt hat, umzugehen wie wir wollen, sondern nur so, wie er will, dem allein Himmel und Erde gehören.

Mose rief Josua und sprach zu ihm vor den Augen von ganz Israel: Sei getrost und unverzagt; denn du wirst dies Volk in das Land bringen, das der Herr ihren Vätern geschworen hat, ihnen zu geben, und du wirst es unter sie austeilen. Der Herr aber, der selber vor euch hergeht, der wird mit dir sein und wird die Hand nicht abtun und dich nicht verlassen. Fürchte dich nicht und erschrick nicht!
5. Mose 31, 7–8

Armut ist ein Skandal

Warum darben Tausende von Menschen in allen Teilen Englands und gehen an ihrer Armut zugrunde? Ich kenne diesen Tatbestand. Ich habe ihn in allen Ecken des Landes mit meinen eigenen Augen gesehen. Ich kenne Menschen, die sich nur jeden zweiten Tag eine kümmerliche Mahlzeit leisten können. Ich kenne eine Frau, die stinkende Sprotten von einem Misthaufen aufliest und für sich und ihre Kinder mit nach Hause nimmt. Ich kenne eine andere, die Knochen sammelt, die die Hunde auf der Straße liegen ließen, und Brühe daraus macht, um ihr elendes Leben zu verlängern. So geht es heute vielen Menschen in einem Land, in dem Milch und Honig fließen, in dem es die notwendigen Dinge, aber auch Annehmlichkeiten und Überfluss in Hülle und Fülle gibt!

*

Ein Hauptgrund dafür, dass die Reichen so wenig Mitleid mit den Armen haben, ist, dass sie sie so selten besuchen.

Habsucht

Jede Form von Habsucht widerspricht der Liebe zu Gott und zum Nächsten, sei es nun die Liebe zum Geld, die Wurzel allen Übels, sei es nun das Verlangen, immer mehr haben und besitzen zu wollen. Wie selten sind selbst wahre Gotteskinder völlig frei davon! Zwar hat der bedeutende Kirchenmann Martin Luther gesagt, er habe nicht nur nach seiner Bekehrung, sondern von Geburt an nie Gefühle von Habsucht gehabt. Wenn das stimmte, dann wäre er der einzige Mensch (außer dem, der zugleich Gott und Mensch war), der keine Habsucht kannte und von Geburt an von ihr frei war. Ich bin fest davon überzeugt, dass auch wiedergeborene Menschen nach einer gewissen Zeit mehr oder weniger häufig Habsucht in sich spüren – besonders den Wunsch, mehr zu besitzen. Zweifellos bleiben also selbst im Herzen der Gerechtfertigten Habsucht und Stolz sowie Eigenwille und Zorn.

*

Wer das Glück im Reichtum sucht, bemüht sich, aus leeren Tassen zu trinken. Auch wenn sie noch so fein bemalt und vergoldet sind – sie sind doch leer.

Keine Schätze auf Erden sammeln

Dies Gebot untersagt uns nicht, für solche Dinge Vorsorge zu treffen, die in jedermanns Augen redlich sind, also für das zu sorgen, womit wir jedem geben können, was wir schuldig sind, was man zu Recht von uns verlangen kann. Das geht so weit, dass wir von Gott gelehrt werden, »niemand etwas schuldig zu sein«.

Dies Gebot verbietet auch nicht, uns mit den Dingen zu versorgen, die wir für unseren Leib benötigen: eine hinreichende Menge einfacher, gesunder Nahrung zum Essen und saubere Kleidung zum Anziehen. Ja, es ist unsere Pflicht, uns selbst mit diesen Dingen zu versorgen, soweit Gott uns die Kraft dazu gibt, damit wir »unser eigenes Brot essen« und »keinem Menschen zur Last fallen«.

Ebenso wenig ist es uns verboten, für unsere Kinder und die Angehörigen unseres Haushalts zu sorgen. Auch dies ist unsere Pflicht. Jeder Mann sollte die einfachen Lebensbedürfnisse seiner Ehefrau und seiner Kinder befriedigen und sie in die Lage versetzen, sich selbst damit zu versorgen, wenn er gestorben ist.

Nicht mehr als nötig

Es ist uns nicht verboten, uns durch fleißige Arbeit mit den Dingen zu versorgen, die zum Leben nötig sind, nicht aber mit erlesenen Speisen, nicht mit Überflüssigem. Denn niemand hat die Pflicht, seiner Familie und sich selbst ein luxuriöses oder bequemes Leben zu verschaffen.

Wenn aber jemand nicht in angemessener Weise für seine Kinder sorgt, dann verleugnet er durch sein Verhalten den Glauben und ist schlimmer als ein Ungläubiger oder Heide.

Es ist in der Bibel jedoch ausdrücklich und ohne Abstriche verboten, sich um ein größeres irdisches Vermögen, um einen größeren Zuwachs an Gold und Silber zu bemühen, also mehr zu sammeln, als für die genannten Zwecke nötig ist. Wer keinem Menschen etwas schuldet und Nahrung und Kleidung für sich und seinen Haushalt hat, dazu ein ausreichendes Einkommen, um sein Leben in dieser Welt angemessen zu bestreiten, wer es dazu schon gebracht hat, aber auf Erden noch mehr haben möchte, der verleugnet offen durch sein ganzes Verhalten den Herrn, der ihn erkauft hat.

Geld – Segen oder Fluch?

Wenn du dein Geld nicht ausgibst, um anderen Gutes zu tun, wirst du es zwangsläufig zu deinem eigenen Schaden ausgeben. Du handelst wie einer, der seinem kranken Freund ein Mittel zur Herzstärkung verweigert, das er selbst nicht einnehmen kann, ohne sich ein hohes Fieber zuzuziehen. So verhält es sich mit überflüssigem Geld: Wenn du es denen gibst, die es nötig haben, ist es ein Heilmittel; wenn du es für dich selbst verschwendest, dann macht es deinen Geist krank und zerrüttet ihn.

*

Viel Geld setzt nicht viel Vernunft voraus, und guter Besitz lässt nicht auf guten Verstand schließen. Wie ein bunter Mantel ein böses Herz verdecken kann, so kann eine schöne Perücke einen Schwachkopf schmücken.

Gebet

Lehre uns, Herr, die Welt zu gebrauchen, ohne sie zu missbrauchen, und die Dinge, die wir zum Lebensunterhalt nötig haben, zu empfangen, ohne dabei deine Liebe aufs Spiel zu setzen.

Was wir auch in dieser Welt besitzen, lass es uns in Übereinstimmung mit dir und deiner Liebe haben – für uns geheiligt durch das Wort Gottes und durch den Gebrauch allein zu deiner Ehre.

Was immer wir an weltlichen Dingen begehren – lass es uns nie an dem fehlen, was der Ernährung dient, sondern verleihe unsern Seelen Glanz mit all den Gnadenerweisen deines Heiligen Geistes, so dass wir in allen Dingen der Lehre unseres Gottes und Erlösers Ehre machen.

Amen.

Was Gott jetzt tut,
wirst du später erkennen;
und du wirst sehen,
dass er alle Dinge
gut gemacht hat.

Ich warte, Herr, in deinem Haus:
Sei du mir freundlich nah.
Du teilst in Brot und Wein dich aus
und bist im Wort selbst da.

Du bist es, der den Weg mir weist,
du lehrst mich, was du willst.
Ich schweige, denn dein Wort verheißt,
dass du die Sehnsucht stillst.

»Sei still und wisse: Ich bin Gott.«
Kein Wissen reicht so weit.
Ich fühle, wie dein Kreuzestod
mein Herz zum Lob befreit.

Nimm von mir alles, was nicht gut
und was vor dir nicht gilt.
Schaff in mir neuen Lebensmut,
mach mich zu deinem Bild.

Leid ist nicht heilsamer als Lust.

Verachtest du den Reichtum seiner Güte, Geduld und Langmut? Weißt du nicht, dass dich Gottes Güte zur Buße leitet?
Römer 2, 4

Gottes Sprachlehre

Ohne Gott gibt es für keinen Menschen Freude. Wenn er sich zurückzieht, geraten wir in Leid und Unruhe. Er lässt zu, dass wir selbst in einer engen menschlichen Beziehung keinen Trost finden, damit wir mit freiem und ungebundenem Herzen bei dem danach suchen, der unsere Hoffnung nie enttäuscht.

Jesu Gegenwart macht uns jedes Kreuz wertvoll und süß; wenn es auch schmerzt, so verbindet uns dies Gnadenmittel doch um so stärker mit ihm.

*

Auch durch Leiden hat Gott den Menschen viel Gutes getan. Deshalb kann man sagen: Was in der Sprache der Menschen Leiden genannt wird, heißt in Gottes Sprache Segnungen.

Trage das Kreuz, und es wird dich tragen

Eines macht jedes Kreuz lieb und wert: dass es uns, wenn auch unter Schmerzen, Gott näher bringt.

*

Welch ein Segen ist es doch, kleine Kreuze tragen zu müssen! So können wir prüfen, wes Geistes wir sind. Wir können nicht dauernd im Sonnenschein leben. Er würde ja Gottes Gnade, die in uns ist, völlig austrocknen.

*

Wenn du in Anfechtungen gerätst, richte deine Blicke nicht auf das, was dich belastet, sondern sogleich auf Jesus.

Ruhe finden in Gott

Ich besuchte einen Mann, der unter Depressionen litt. Schon vorher war ich mit vielen depressiven Menschen zusammengetroffen. In vielen Fällen handelte es sich nicht um eine körperliche Erkrankung. Ihnen fehlte zwar etwas, aber sie wussten nicht was. Deshalb waren sie schwermütig, unruhig und mit allem unzufrieden. Die schlichte Wahrheit ist: Gott, Jesus Christus, der Glaube fehlte ihnen. Gott machte ihnen ihren Mangel auf eine Weise bewusst, die ihre Ärzte ebenso wenig wie sie selbst begreifen konnten. Es änderte sich darum erst dann etwas, als der »große Arzt« kam. Er, der sie für sich geschaffen hatte, hat allen natürlichen Heilmitteln zum Trotz sie nicht zur Ruhe kommen lassen, bis sie Ruhe in ihm gefunden hatten.

Gott segnet auf viele Weisen

Gott kann durch Wohlergehen ebenso sein Werk tun wie durch Schmerzen.

*

Kleinigkeiten, die uns widerstreben, können große Segnungen sein.

*

Krankheit und Schwäche sind an sich schon schwer genug zu ertragen. Da muss man diese Bürde nicht durch Unfreundlichkeit noch schwerer machen.

Blicke auf Jesus

Ich bewundere einen heiligen Mann in Frankreich. Als er sich um einen Menschen kümmerte, der voller Zweifel und Ängste war, verbot er ihm, überhaupt an seine Sünden zu denken. Er befahl ihm, nur an die Liebe Gottes in Christus zu denken. Das Ergebnis war, dass alle seine Ängste verschwanden und er im Triumph seines Glaubens lebte und starb.

*

Fest steht der Christ mitten in den stürmischen Wogen der Welt. Ihn hält der Anker des Glaubens.

Ich finde es erstaunlich, dass viele, die von Liebe erfüllt sind, trotzdem nicht den Wunsch haben zu sterben. Anscheinend schenkt Gott dies Verlangen erst, wenn die Zeit herannaht. Vielleicht wäre es für viele auch nur von geringem Nutzen. Sie sollen erst einmal lernen zu leben.

Als Jesus kam, fand er Lazarus schon vier Tage im Grabe liegen. Maria sprach: Herr, wärst du hier gewesen, mein Bruder wäre nicht gestorben. Jesus sprach: Dein Bruder wird auferstehen. Ich bin die Auferstehung und das Leben. Wer an mich glaubt, der wird leben, auch wenn er stirbt. Als Jesus sah, wie Maria weinte und wie auch die Juden weinten, die mit ihr gekommen waren, ergrimmte er im Geist und wurde sehr betrübt und sprach: Wo habt ihr ihn hingelegt? Sie antworteten ihm: Herr, komm und sieh es! Jesus aber hob seine Augen auf und

sprach: Vater, ich danke dir, dass du mich erhört hast. Als er das gesagt hatte, rief er mit lauter Stimme: Lazarus, komm heraus! Und der Verstorbene kam heraus, gebunden mit Grabtüchern an Füßen und Händen. Jesus spricht zu ihnen: Löst die Binden und lasst ihn gehen!
Johannes 11, 17–44 (Auswahl)

Verwalter auf Zeit

Auf vielfältige Weise sind die Menschenkinder Haushalter des Herrn, des Eigentümers von Himmel und Erde. Einen großen Teil seiner Güter hat er ihnen anvertraut – doch nicht für immer, nicht einmal für einen nennenswerten Zeitraum. Sie sind uns nur während der kurzen, unsicheren Spanne anvertraut, die wir hier unten verbringen, nur solange wir auf Erden weilen, solange der flüchtige Odem in uns ist. Die Stunde naht, sie steht unmittelbar bevor, in der wir »nicht länger Haushalter sein können«. In dem Augenblick, in dem der Leib »zu Staub wird, wie er gewesen ist, und der Geist zu Gott kommt, der ihn gegeben hat,« sind wir nicht mehr in diesem Stand. Die Zeit unserer Haushalterschaft ist zu Ende.

Wie schnell wird unser Lebenstraum zu Ende sein! In der Ewigkeit wird es keinen Unterschied machen, ob wir unsere Erdenzeit in einem Palast zugebracht oder keinen Platz gefunden haben, an dem wir unser Haupt niederlegen konnten.

Täglich neu vertrauen

Gott schenkt uns Glauben, wie wir ihn gerade brauchen. Du hast den Glauben, der für dein Leben mit Gott jetzt nötig ist. Du musst noch nicht sterben; wenn du aber sterben musst, wirst du auch dafür Glauben haben. Gebrauche heute den Glauben, den du im Augenblick hast; und vertraue Gott für morgen.

*

Ich bin zufrieden, dass ich außerordentlich wenig verstehe, während ich auf Erden lebe. Was Gott tut, weiß ich jetzt nicht; es genügt, dass ich es nachher wissen werde. Jetzt sollen wir lieben und gehorchen. Das Wissen ist für die Ewigkeit reserviert.

Weltuntergangsstimmung

Abends predigte ich in Spitalfields über: »Bereite dich, vor deinen Gott zu treten!« Ausführlich legte ich dar, dass es völlig absurd sei anzunehmen, die Welt werde in dieser Nacht untergehen. Trotz all meines Redens fürchteten sich viele, zu Bett zu gehen; einige wanderten auf den Feldern umher, davon überzeugt, wenn schon nicht die Welt unterginge, so werde zumindest London von einem Erdbeben verschlungen.

Ich aber ging zur gewohnten Zeit zu Bett und war um etwa zehn Uhr schon fest eingeschlafen.

Du wirst nach deinem Einsatz belohnt, nicht nach deinem Erfolg.

Es begab sich aber, als sich die Menge zu ihm drängte, um das Wort Gottes zu hören, da stand er am See Genezareth und sah zwei Boote am Ufer liegen; die Fischer aber waren ausgestiegen und wuschen ihre Netze. Da stieg er in eines der Boote, das Simon gehörte, und bat ihn, ein wenig vom Land wegzufahren. Und er setzte sich und lehrte die Menge vom Boot aus. Und als er aufgehört hatte zu reden, sprach er zu Simon: Fahre hinaus, wo es tief ist, und werft eure Netze zum Fang aus! Und Simon antwortete und sprach: Meister, wir haben die ganze Nacht gearbeitet und nichts gefangen; aber auf dein Wort will ich die Netze auswerfen. Und als sie das taten, fingen sie eine große Menge Fische.
Lukas 5, 1–6

Lebensqualität

Denke daran: Du bist zu keinem anderen Zweck geboren worden, du lebst zu keinem anderen Zweck, dein Leben auf Erden ist dir zu keinem anderen Zweck anvertraut worden als diesem einen: Gott auf Erden zu kennen, ihn zu lieben und ihm zu dienen und dich dann in alle Ewigkeit an ihm zu freuen.

*

Es kommt nicht darauf an, wie lang, sondern von welcher Qualität unser Leben ist.

*

Gott schenke, dass mein Leben nie nutzlos wird.

Das Beste aus dem Leben machen

Immer trage ich diese Frage in meinem Herzen: Was soll ich tun, um aus meinem kurzen Leben das Beste (Meiste) zu machen?

*

Bereite deine Seele auf Versuchungen vor. Wie können wir siegen, wenn wir nicht kämpfen? Deshalb: Geh voran als ein guter Soldat Jesu Christi.

*

Wie sollen wir überwinden, wenn wir nicht kämpfen?

Nachruf

Ich wusste nicht, wie es Gott gefallen würde, mit mir zu verfahren. Deshalb schrieb ich, um abscheuliche Lobeshymnen zu verhindern: Hier liegt der Leichnam John Wesleys, ein Brandscheit, aus dem Feuer gerissen. Er starb in seinem 51. Lebensjahr an Schwindsucht. Nachdem alle seine Schulden beglichen waren, hinterließ er nicht einmal zehn Pfund. Sein Gebet war: Gott, sei mir unnützem Knecht gnädig!

[Dies schrieb John Wesley am 26. 11. 1753. Er starb aber erst am 2. 3. 1791, in seinem 88. Lebensjahr.]

Lebensbilanz

Ich habe über mein bisheriges Leben nachgedacht. Fünfzig oder sechzig Jahre bin ich unterwegs gewesen und habe auf meine armselige Weise versucht, meinen Mitmenschen ein wenig Gutes zu tun. Jetzt ist es wahrscheinlich, dass mich nur noch wenige Schritte von meinem Tod trennen. Worauf kann ich mein Vertrauen gründen, gerettet zu werden? Nichts von dem, was ich getan oder erduldet habe, kann da bestehen. Ich habe nur dies als Verteidigung vorzubringen:

Ich bin der größte aller Sünder,
doch Jesus starb für mich.

[Geschrieben 1783, John Wesley starb aber erst acht Jahre später.]

Gebet

Ehre dir, heilige Dreifaltigkeit, denn du hast das große Werk der Erlösung gebracht und uns in die herrliche Freiheit der Kinder Gottes zurückgeführt.

Lass mich diesen ganzen Tag so verbringen, dass ich die notwendigen Aufgaben erfülle und ihn zu Werken der Barmherzigkeit, zum Gebet, zum Lobpreis und zur Besinnung nutze. Lass meine Worte und das Trachten meines Herzens immer Wohlgefallen bei dir finden.

Nimm mein Herz dir ganz zu eigen hin und herrsche darin, wie du es im Himmel tust. Lass mich dir leben, denn von dir bin ich geschaffen. Lass mich jederzeit zu deiner Ehre wirken, denn für dich bin ich geschaffen worden. Du hast mich erlöst, darum will ich dir zurückgeben, was dir gehört. Lass meinen Geist sich allezeit allein an dich halten.

Amen.

Gebet

Verleih all deinen Dienern Stärke. Bringe zurück, die vom Wege abgewichen sind. Richte auf, die zu Fall gekommen sind. Stärke, die fest stehen, und schenke ihnen, dass sie im Glauben, im Gehorsam und in der Liebe beständig bleiben. Stehe allen bei, die leiden, und tröste sie.

Gib, dass die Erde ihre Frucht zur rechten Zeit hervorbringt und lass alle ehrlichen und fleißigen Menschen in ihrer Arbeit gesegnet werden.

Gedenke all derer, die uns Gutes getan haben. Begegne all unseren Feinden mit Vergebung und Güte und fördere auch weiterhin das Wohlwollen all unserer Nachbarn.

Steh den Kranken bei, dass sie Vertrauen und Geduld haben können. Sei bei denen, die diese Welt verlassen. Nimm die Seelen an, die du erlöst hast, und schenke uns allen die herrliche Auferstehung und das ewige Leben.

Amen.

Gebet

Dir Gott, Vater, Sohn und Heiliger Geist, Schöpfer, Erlöser und Befreier von Sünden, dir übergebe ich mich völlig. Ich will nicht mehr mir, sondern dir an allen Tagen meines Lebens dienen.

Ich gebe dir meinen Verstand. Meine einzige Sorge soll sein, dich, deine Vollkommenheit, deine Werke, deinen Willen zu erkennen.

Ich gebe dir meinen Willen. Was immer du willst, soll allein mein Wille sein. In allen Dingen will ich deine Ehre suchen.

Ich gebe dir meine Gefühle. Du sollst über sie verfügen. Sei du meine Liebe, meine Furcht, meine Freude. Nur das soll in ihnen Raum haben, was mit dir und deiner Sache im Einklang steht. Was du liebst, will ich lieben; was du hasst, will ich hassen – alles in dem Maße, wie du es mir zugedacht hast.

Ich gebe dir meinen Leib. Mit ihm will ich dich ehren, ihn will ich heilig halten, so dass du in ihm wohnen kannst. Ich will ihm gegenüber weder zu nachlässig noch zu streng sein, sondern ihn, so gut ich kann, gesund, kräftig und aktiv erhalten, damit du ihn für jeden Dienst gebrauchen kannst, zu dem du mich rufst.

Ich gebe dir alle meine irdischen Güter. Ich will sie hoch schätzen und sie nur für dich gebrauchen. Ich will alles, was du mir über das Lebensnotwendige hinaus anvertraut hast, zurückgeben, indem ich für die Armen sorge.

Ich gebe dir mein Ansehen und meinen Ruf. Sie sollen mir nur im Blick auf dich wichtig sein und nur dazu dienen, dass sie deine Ehre in der Welt vermehren.

Mich selbst und alles, was mein ist, gebe ich dir. Lass mich erkennen, dass ich ohne dich nichts bin und nichts habe. Entscheide und bestimme du über mich und alles, was ich habe. Sei du mein Schicksal und mein alles.

Ich gehöre nicht mir selbst, nicht der Welt, sondern allein Gott.

Amen.

Gebet

Deine große Macht befähige uns, dir und allen Menschen gegenüber unsere Pflicht mit Sorgfalt, Fleiß, Eifer und Ausdauer bis zuletzt zu erfüllen. Hilf uns, in unseren Gesprächen bescheiden und freundlich zu sein, unsere Angelegenheiten klug und umsichtig zu regeln. Dabei wollen wir deine väterliche Vorsehung in allem erkennen, was uns widerfährt. Wir wollen dankbar sein für alle deine Wohltaten, geduldig, wenn du uns strafst, und alle Zeit bereit zu jedem guten Wort und Werk.

Mögen unsere Herzen so fest in deiner Gnade gegründet sein, dass uns nichts in Schrecken versetzen oder unsere Standhaftigkeit erschüttern kann.

Jeder Augenblick unseres Tages lebt von dir; und jeden Schritt, den wir tun, gehen wir in deiner Kraft.

Amen.

Gebet

Wenn wir dich vergessen, machst du unser Gedächtnis neu; wenn wir dir entfliehen wollen, findest du doch immer Wege, uns zurückzurufen.

Wenn wir unsere Besserung hinausschieben, bleibst du doch geduldig für uns da; und wenn wir zurückkommen, breitest du deine Arme aus und nimmst uns freundlich an.

Wir wissen, dass deine Wege in unendlicher Tiefe verborgen liegen. Niemand kann deine Ratschlüsse ergründen.

Als wir dich noch nicht liebten, hast du uns schon großzügig deine Liebe geschenkt; du wirst uns jetzt, da wir danach trachten, dich zu lieben, nicht verlassen.

Als wir uns verirrt hatten, hast du nach uns gesucht; du wirst uns jetzt nicht zurückweisen, da wir dich suchen.

Dein heiliger Wille sei unser einziger Herr und deine gnädige Hand unser einziger Führer.

Amen.

Gebet

Lasst uns unseren Gott anbeten, der uns erlöst hat.

Wir tragen das Mal eines gekreuzigten Heilands; sollten wir vor jedem Kreuz zurückschrecken, dem wir begegnen?

Wir glauben an einen Gott, der mit Dornen gekrönt wurde; sollten wir erwarten, nur auf Rosen zu wandeln?

Du stehst uns vor Augen, Jesus, als der Demütige und Sanftmütige; sollten deine Diener stolz und überheblich sein?

Wir sehen dich auf deiner Wanderschaft, arm und unbeachtet; sollten deine Nachfolger danach trachten, reich und angesehen zu sein?

Stärke unsere Kräfte mit den himmlischen Tugenden des Glaubens, der Hoffnung und der unbezwingbaren Liebe, damit wir all dem kraftvoll begegnen können, was uns auf dem Weg zum Himmel entgegen steht.

Amen.

Gebet

Hochgelobter Erlöser, sei du alles, was mein Herz verlangt, Raum und Ziel meines Lebens.

Wenn ich aufwache, blicke ich auf dich, und wenn ich aufstehe, neige ich mich zuerst demütig vor dir. Während des Tages will ich meine Gedanken immer wieder auf dich richten, und wenn ich mich zur Ruhe begebe, will ich meine Augen mit einem Blick auf dich schließen.

Jeden Tag will ich neu von der Herrlichkeit deines Reiches reden; und Nacht für Nacht will ich deiner großen Güte und deiner freundlichen Gnadenerweise gedenken, die sich in allen deinen Werken zeigen.

So soll meine Zeit von deiner Gnade bestimmt und meine Ewigkeit mit deiner Herrlichkeit gekrönt sein.

Amen.

Wie bewundernswert werden Vergebung und Heiligung in dem einen Wort zusammengefasst: Gnade.

Ich bin der geringste unter den Apostel, der ich nicht wert bin, dass ich ein Apostel heiße, weil ich die Gemeinde Gottes verfolgt habe. Aber durch Gottes Gnade bin ich, was ich bin. Und seine Gnade an mir ist nicht vergeblich gewesen, sondern ich habe viel mehr gearbeitet als sie alle; nicht aber ich, sondern Gottes Gnade, die mit mir ist.
1. Korinther 15, 9–10

Nicht auf halbem Weg stehen bleiben

Ein Mensch kann dank der vorlaufenden Gnade von Natur aus oder durch Veranlagung viele gute Charakterzüge, ja, menschlich gesprochen, ein untadeliges Leben aufweisen und doch keinen Glauben und die Liebe Gottes haben.

*

Die vorlaufende Gnade, die uns allen zuteil wird, reicht aus, um uns zu Christus zu bringen; weiter aber kann sie uns erst bringen, wenn wir gerechtfertigt sind.

Ganz auf Christus vertrauen

An die Existenz und an bestimmte Eigenschaften Gottes zu glauben, ist der Glaube eines Heiden. An das Alte Testament zu glauben und auf den zu warten, der kommen soll, ist der Glaube der Juden. Zu glauben, dass Christus sich selbst für mich hingegeben hat, ist der Glaube eines Christen.

*

Ich leugne nicht, dass Gott in einigen Menschen unbemerkt eine allmählich wachsende Gewissheit seiner Liebe wirkt. Aber ich bin genau so davon überzeugt, dass er in anderen diese Gewissheit in einem Augenblick schafft.

Der Anfang eines Weges

Die Aussage des Paulus, dass der Glaube als Gerechtigkeit angerechnet wird (Röm. 4, 5), bringt manche dazu, das Gesetz des alten Bundes total abzulehnen. Wir stimmen darin überein:

Gott »macht den Gottlosen gerecht«, ihn, der bis dahin völlig gottlos, voll des Bösen, ohne jedes Gute war.

Er macht »den Gottlosen, der nichts vollbringt«, gerecht, ihn, der bis dahin kein gutes Werk vollbracht hat und dies ja auch nicht kann. Ein fauler Baum kann ja keine guten Früchte bringen.

Er rechtfertigt den Menschen »allein durch den Glauben«, ohne dass dieser in irgendeiner Weise gut oder gerecht gewesen wäre.

So »wird ihm der Glaube zur Gerechtigkeit angerechnet«. Das bedeutet, dass Gott den Glaubenden um des Verdienstes Christi willen so annimmt, als hätte er der Gerechtigkeit schon völlig Genüge getan. Paulus lehrt damit, dass es keine Gerechtigkeit vor dem Glauben gibt. Er stellt fest, dass Heiligung der Rechtfertigung nicht vorausgehen kann; aber nicht, dass sie ihr nicht folgen müsste. Deshalb gibt dir der Apostel Paulus an keiner Stelle Anlass, »das Gesetz aufzugeben« und zu lehren, der Glaube mache die Notwendigkeit der Heiligung überflüssig.

Veränderung beginnt innen

Sie sprechen von Heiligung so, als ob es sich um etwas Äußerliches handelte, und als ginge es dabei im Wesentlichen, wenn nicht ausschließlich, um zweierlei:

1. Nichts Schädliches zu tun;
2. Gutes zu tun (wie man so sagt), d. h. die Gnadenmittel zu nutzen und dem Nächsten zu helfen.

Ich glaube dagegen, dass Heiligung etwas Inwendiges ist, nämlich das Leben Gottes in der Seele des Menschen, eine Teilhabe am göttlichen Wesen, an der Gesinnung, die in Christus war. Anders gesagt: Die Erneuerung unseres Herzens nach dem Bilde dessen, der uns geschaffen hat.

Eine zweite Chance

Für viele Menschen, die das Leben aus Gott völlig verloren hatten und über die die Sünde wieder die Herrschaft erlangt hatte, gilt:

Nachdem sie sich zutiefst ihres Falles bewusst geworden waren und vor Gott geschämt hatten, sind sie erneut von seiner Liebe erfüllt worden – und nicht nur darin zur Vollendung geführt, sondern auch fest gegründet, gestärkt und gefestigt worden. Nun haben sie den Segen, der ihnen schon zuvor zuteil geworden war, in noch größerer Fülle empfangen. Mehr noch: Es ist bemerkenswert, dass viele, die die rechtfertigende oder heiligende Gnade schon verspielt hatten und so tief gefallen waren, dass sie kaum noch zu den Dienern Gottes gezählt werden konnten, nun wieder in diesen bereits verlorenen Stand eingesetzt worden sind – und das oft in einem Augenblick.

Sie haben beides zugleich zurückgewonnen: Das Wissen um das Wohlwollen und die Erfahrung der wahren Liebe Gottes. In einem Augenblick haben sie aufs neue die Vergebung der Sünden empfangen, und viele von ihnen wurden geheiligt.

Gebet

Bewahre meine Eltern, meine Freunde und Verwandten, ja alle Menschen nach Leib und Seele. Vergib meinen Feinden und schenke, dass sie mir nach einer Zeit, die du bestimmst, wieder wohl gesonnen sind. Erbarme dich über alle Menschen, die seelisch, körperlich oder sozial leiden müssen. Gib ihnen Geduld, ihr Leid zu tragen, und ein glückliches Ende ihrer Not. Gib, dass wir und die Verstorbenen, die bereits im Glauben an dich und in Gottesfurcht heimgegangen sind, gemeinsam der freudevollen Auferstehung teilhaftig werden – durch ihn, der mit dir und dem Heiligen Geist regiert, ein Gott von Ewigkeit zu Ewigkeit.

Amen.

Kann etwas anderes
Liebe erwecken
als die Liebe selbst?

Komm, du lang ersehnter Jesus,
komm und mach uns Menschen frei
von der Angst und von den Sünden,
unsre Ruhe in dir sei.
Du bist Israels Trost und Stärke,
Hoffnung für die ganze Welt,
tiefe Sehnsucht aller Völker,
Freude, die das Herz erhellt.

Als ein Kind bist du geboren
und bist dennoch Herr und Gott.
Recht und Friede wird regieren,
überwinden Hass und Tod.
Leite uns in allen Dingen
durch den Geist, der uns vertritt.
Nimm, erlöst durch deine Liebe,
uns zum Thron des Vaters mit.

Glaube ist Liebe, Frieden und Freude im heiligen Geist.

Und am dritten Tage war eine Hochzeit in Kana in Galiläa, und die Mutter Jesu war da. Jesus aber und seine Jünger waren auch zur Hochzeit geladen. Und als der Wein ausging, spricht die Mutter Jesu zu ihm: Sie haben keinen Wein mehr. Jesus spricht zu ihr: Was geht's dich an, Frau, was ich tue? Meine Stunde ist noch nicht gekommen. Seine Mutter spricht zu den Dienern: Was er euch sagt, das tut. Es standen aber dort sechs steinerne Wasserkrüge für die Reinigung nach jüdischer Sitte, und in jeden gingen zwei oder drei Maße. Jesus spricht zu ihnen: Füllt die Wasserkrüge mit Wasser! Und sie füllten sie bis obenan. Und er spricht zu ihnen: Schöpft nun und bringt's dem Speisemeister! Und sie brachten's ihm. Als aber der Speisemeister den Wein kostete, der Wasser gewesen war, und nicht wusste, woher er kam – die Diener aber wußten's, die das Wasser geschöpft hatten –, ruft der Speisemeister den Bräutigam und spricht zu ihm: Jedermann gibt zuerst den guten Wein und, wenn sie betrunken werden, den

geringeren; du aber hast den guten Wein bis jetzt zurückbehalten. Das ist das erste Zeichen, das Jesus tat.
Johannes 2, 1–11

Die heiterste Sache der Welt

Glaube ist Liebe, Frieden und Freude im heiligen Geist. Er ist die fröhlichste und heiterste Sache von der Welt. Er ist völlig unvereinbar mit Griesgrämigkeit, Missmut, Hartherzigkeit und allem, was nicht der Sanftmut, Güte und Freundlichkeit Jesu entspricht.

*

Hüte dich davor, in trüben Gedanken zu versinken. Du bist von zehntausenden Gnadenerweisen umfangen. Sie sollen dich in demütige Dankbarkeit versetzen.

Strebe nach der Heiterkeit des Glaubens.

Pharao sprach zu seinen Großen: Wie könnten wir einen Mann finden, in dem der Geist Gottes ist wie in diesem? Und er sprach zu Josef: Weil dir Gott dies alles kundgetan hat, ist keiner so verständig und weise wie du. Du sollst über mein Haus sein, und deinem Wort soll all mein Volk gehorsam sein; allein um den königlichen Thron will ich höher sein als du. Und weiter sprach der Pharao zu Josef: Siehe ich habe dich über ganz Ägyptenland gesetzt. Der Herr war mit Josef, und was er tat, dazu gab der Herr Glück.
1. Mose 41, 38–41 und 39, 23

Gesetz und Evangelium

Zwischen Gesetz und Evangelium besteht die engste Verbindung, die sich denken lässt. Zum einen bereitet das Gesetz dem Evangelium fortwährend den Weg und weist uns darauf hin; zum andern leitet uns das Evangelium fortwährend zu einer genaueren Erfüllung des Gesetzes an. Das Gesetz fordert von uns zum Beispiel, Gott und unseren Nächsten zu lieben, demütig, sanftmütig und heilig zu sein. Wir spüren, dass wir dazu nicht fähig sind, ja, dass dies bei den Menschen unmöglich ist. Aber wir haben die Verheißung Gottes, nach der er uns diese Liebe geben und uns demütig, sanftmütig und heilig machen wird. Wir ergreifen dies Evangelium, diese frohe Botschaft, dass es schon für uns getan wurde. So glauben wir es. Die Gerechtigkeit, die das Gesetz fordert, ist in uns erfüllt durch den Glauben, der in Jesus Christus ist.

Glaube und Vernunft Hand in Hand

Für uns ist es ein fundamentaler Grundsatz, dass die Ablehnung der Vernunft die Ablehnung des Glaubens bedeutet, dass Glaube und Vernunft Hand in Hand gehen, dass vernunftwidriger Glaube falscher Glaube ist.

*

Es ist möglich, dass Menschen eine durchaus richtige Auffassung haben, ohne überhaupt gläubig zu sein. Andererseits können Menschen tiefgläubig sein und viele falsche Ansichten haben.

*

Ganz gewiss hat der Schöpfer unseres menschlichen Wesens nicht gewollt, dass wir unseren Wissensdurst abtöten, vielmehr dass wir ihn zügeln sollen.

Drei Hauptlehren

Ich habe immer wieder in aller Deutlichkeit erklärt, was unsere unveränderten Lehren sind, worin wir uns von Heiden und Namenschristen unterscheiden, nicht aber von denen, die Gott im Geist und in der Wahrheit anbeten. Unsere Hauptlehren, die alles andere einschließen, sind diese drei: Buße, Glauben und Heiligung. Die erste sehen wir als die Vorhalle an, die zweite als die Tür, die dritte als den Glauben selbst.

Ohne Liebe ist das Leben riskant – aber das Sterben auch!

Ihr Lieben, lasst uns einander lieb haben; denn die Liebe ist von Gott, und wer liebt, der ist von Gott geboren und kennt Gott. Wer nicht liebt, der kennt Gott nicht; denn Gott ist Liebe. Darin ist erschienen die Liebe Gottes unter uns, dass Gott seinen eingeborenen Sohn gesandt hat in die Welt, damit wir durch ihn leben sollen. Darin besteht die Liebe: nicht, dass wir Gott geliebt haben, sondern dass er uns geliebt hat und gesandt seinen Sohn zur Versöhnung für unsre Sünden. Ihr Lieben, hat uns Gott so geliebt, so sollen wir uns auch untereinander lieben. Gott ist die Liebe; und wer in der Liebe bleibt, der bleibt in Gott und Gott in ihm. Furcht ist nicht in der Liebe, sondern die vollkommene Liebe treibt die Furcht aus; denn die Furcht rechnet mit Strafe. Wer sich aber fürchtet, der ist nicht vollkommen in der Liebe. Lasst uns lieben, denn er hat uns zuerst geliebt.
1. Johannes 4, 7–19 (Auswahl)

Liebe erfüllt Gottes Gebot

Die Liebe zu Gott und den Menschen, die aus einem unverfälschten Glauben kommt, ist alles in allem, die Erfüllung des Gesetzes und das Ende eines jeden Gebotes Gottes. Es ist wahr, dass ohne sie alles nutzlos ist, was immer wir tun, was immer wir leiden. Aber daraus folgt nicht, dass Liebe in dem Sinne alles ist, dass sie Glauben und gute Werke überflüssig macht. Sie ist die Erfüllung des Gesetzes, aber nicht, indem sie uns von seiner Erfüllung befreit, sondern indem sie uns anhält, ihm zu gehorchen. Die Liebe ist das Ende der Gebote, da jedes Gebot zu ihr hinführt und in ihr seine Mitte hat. Natürlich stimmt es, dass es uns nichts nützt, wenn wir ohne Liebe handeln oder leiden. Aber es muss auch gesagt werden, dass keineswegs unbelohnt bleiben wird, was wir in Liebe tun oder leiden, und wenn es nur wäre, um Christi willen Schmach zu erdulden oder jemandem in seinem Namen einen Becher kaltes Wasser zu geben.

Über allem die Liebe

Es wäre gut, wenn du dir dessen voll bewusst wärest, dass der Himmel ein Himmel der Liebe ist. Es gibt nichts Höheres im Glauben, es gibt wirklich nichts anderes. Wenn du nach etwas anderem als nach mehr Liebe suchst, dann schaust du weit am Ziel vorbei und verlässt den Königsweg. Es ist falsch, wenn du andere fragst: »Habt ihr diesen oder jenen Segen erlangt?« Wenn du damit irgendetwas anderes meinst als mehr Liebe, bringst du die Menschen vom Wege ab und leitest sie auf eine falsche Fährte. Verankere fest in deinem Herzen, dass du von dem Augenblick an, in dem Gott dich von allen Sünden erlöst hat, nach nichts anderem zu streben hast als nach mehr von der Liebe, wie sie in 1. Korinther 13 beschrieben wird. Ein höheres Ziel kannst du nicht erreichen.

> Nun aber bleiben Glaube, Hoffnung, Liebe, diese drei; aber die Liebe ist die größte unter ihnen.
> 1. Korinther 13,13

Wenn die Liebe herrscht

Bei einem Christen sitzt im Innersten der Seele die Liebe auf dem Thron. Es ist die Liebe zu Gott und zu den Menschen. Sie erfüllt das ganze Herz und herrscht unumstritten. Im engsten Umkreis dieses Thrones befinden sich die christlichen Tugenden: Langmut, Sanftmut, Demut, Treue, Mäßigkeit. In einem weiteren Umkreis befinden sich alle Werke der Barmherzigkeit, die den Menschen an Leib und Seele erwiesen werden. Dann kommen die üblicherweise so genannten Werke der Frömmigkeit: Das Hören und Lesen der Heiligen Schrift, das Gebet in der Öffentlichkeit, im Privatleben und in der Familie, die Teilnahme am Heiligen Abendmahl, Fasten und Enthaltsamkeit. Schließlich ist da noch die Kirche, zu der unser hochgelobter Herr seine Nachfolger vereinigt hat wie zu einem Leib, damit wir einander wirksamer zur Liebe, zu frommer Haltung und zu guten Werken anreizen. Von dieser universalen Kirche spiegelt sich in jeder einzelnen Gemeinde etwas wider.

Liebe triumphiert über alles

Ein barmherziger Mensch sagt nie: »Das ist nicht auszuhalten.« Durch Christus, der ihn stärkt, kann er nicht nur alles tun, sondern auch alles ertragen. Was er erduldet, zerstört seine Liebe nicht. Es beeinträchtigt sie nicht im geringsten. Sie ist gegen alles gefeit. Sie ist eine Flamme, die selbst mitten im Meer brennt. Viele Wasser können seine Liebe nicht auslöschen und Ströme sie nicht ertränken. Sie triumphiert über alles. Sie »höret nimmer auf«, weder in Zeit noch in Ewigkeit.

*

Verlierst du die Liebe, so verlierst du alles.

Liebe ist die Quintessenz allen Glaubens

Wir lieben ihn, weil er uns zuerst geliebt hat. Das ist die Quintessenz allen Glaubens, das Urbild wahren Christentums. Mehr kann niemand sagen. Warum sollte jemand weniger oder es weniger klar sagen?

*

Mit Glauben meine ich die Liebe zu Gott und den Menschen, die das Herz ausfüllt und das Leben bestimmt. Dieser Glaube wird mit Sicherheit dazu führen, dass Gerechtigkeit, Barmherzigkeit und Wahrheit gleichbleibend verwirklicht werden.

Würze fürs Leben

Setze dein Vertrauen auf ihn. Alle Quellen des Glücks liegen in ihm. Vertraue auf ihn, »der uns alles reichlich darbietet, damit wir es genießen«, der es uns aus seiner eigenen reichen und freien Barmherzigkeit darbietet. Was wir besitzen, kommt aus seiner eigenen Hand, damit wir es als seine Gaben und als Pfand seiner Liebe empfangen und genießen. Seine Liebe gibt allem, was wir schmecken, seine Würze; sie bringt Leben und Wohlgeschmack in alles hinein. Jedes Geschöpf weist uns dabei auf den großen Schöpfer hin, und die Erde wird zu einer Himmelsleiter. Mit allem, was er seinen dankbaren Kindern schenkt, gibt er ihnen auch die Freude, die aus seiner Hand kommt.

Übt vor allem an denen Liebe, die euer Denken und Fühlen, euer Wissen und eure Ideale erschüttern.

Ihr habt gehört, dass gesagt ist: »Du sollst deinen Nächsten lieben« und deinen Feind hassen. Ich aber sage euch: Liebt eure Feinde und bittet für die, die euch verfolgen, damit ihr Kinder seid eures Vaters im Himmel. Denn er lässt seine Sonne aufgehen über Böse und Gute und lässt regnen über Gerechte und Ungerechte. Denn wenn ihr liebt, die euch lieben, was werdet ihr für Lohn haben? Tun nicht dasselbe auch die Zöllner? Und wenn ihr nur zu euren Brüdern freundlich seid, was tut ihr Besonderes? Tun nicht dasselbe auch die Heiden? Darum sollt ihr vollkommen sein, wie euer Vater im Himmel vollkommen ist.
Matthäus 5, 43–48

Frieden stiften 1

Ein »Friedensstifter« ist ein Mensch, der »Gutes tut an jedermann«, wo immer sich eine Gelegenheit bietet. Er ist ein Mensch, der von der Liebe zu Gott und der ganzen Menschheit erfüllt ist und seine Bemühungen um Frieden nicht auf seine eigene Familie, seine Freunde und Bekannten oder seine Gruppe beschränkt. Er kann sie auch nicht nur denen zuwenden, die mit ihm gleicher Meinung sind – oder sogar den gleichen kostbaren Glauben teilen. Vielmehr überschreitet er all diese engen Grenzen, sodass er jedermann Gutes tun und in vielfältiger Weise seine Liebe gegenüber Nächsten und Fremden, Freunden und Feinden erweisen kann. Er tut ihnen alles erdenklich Gute, sobald sich eine Gelegenheit dazu bietet, bei jedem nur möglichen Anlass. Zu diesem Zweck »kauft er die Zeit aus«. Er nimmt jede Gelegenheit wahr, nützt jede Stunde, versäumt keinen Augenblick, um seinen Mitmenschen zu nützen. Er kennt nicht nur eine Art Gutes zu tun, sondern er tut es grundsätzlich, auf jede mögliche Weise. Dabei setzt er alle seine Gaben ein, alle seine Kräfte und Fähigkeiten des Leibes und der Seele, sein ganzes Vermögen, seinen Einfluss, sein Ansehen. Sein einziger Wunsch ist, dass sein Herr bei seinem Kommen zu ihm sagen möchte: »Recht so, du tüchtiger und treuer Knecht!«

Frieden stiften 2

Wer Gott und seinen Nächsten liebt, würde alles tun, würde alles erleiden, um das schlimme Übel der Glaubensstreitigkeiten unter Gotteskindern zu beenden, Frieden unter ihnen zu stiften und zu bewahren. Er gäbe alles her – außer seinem guten Gewissen –, um dies kostbare Ziel zu erreichen. Aber auch, wenn wir es nicht schaffen, dass die »Kriege in aller Welt aufhören«, auch wenn wir nicht alle Kinder Gottes miteinander versöhnen können, so soll doch jeder tun, was er kann. Jeder soll etwas dazu beitragen, auch wenn es nur »zwei Scherflein« sind. Wohl denen, die »Frieden und guten Willen unter den Menschen« fördern, und wäre es auch nur wenig . Das gilt vor allem für die Menschen, die unter dem Banner des »Friedefürsten« stehen und deshalb besonders verpflichtet sind, »soviel an ihnen ist, mit allen Menschen in Frieden zu leben«.

Kein Frieden ohne Glauben

Frieden und Glauben sind untrennbar miteinander verbunden, sodass sie gemeinsam stehen oder fallen. Solange wir glauben, haben wir Frieden. Unser Herz bleibt fest, solange es an den Herrn glaubt. Aber wenn wir unser kindliches Vertrauen auf einen liebenden, vergebenden Gott aufgeben, verlieren wir unseren Frieden; denn die einzige und eigentliche Grundlage der Heiligung und des Friedens ist dann nicht mehr da. Folglich trifft alles, was den Glauben angreift, auch die Wurzel aller Heiligung; denn ohne die bleibende Gewissheit, dass Christus mich geliebt und sich selbst für mich dahingegeben hat, ohne die ständige Überzeugung, dass Gott um Christi willen zu mir Sünder barmherzig ist, kann ich unmöglich Gott lieben.

Alles, was unseren Glauben schwächt, behindert offensichtlich in gleichem Maße unsere Heiligung. Dies ist nicht nur die wirksamste, sondern auch die schnellste Art, jede Heiligung zu zerstören. Sie greift nicht nur irgendeine christliche Haltung, eine Gnadengabe oder einzelne Früchte des Geistes an, vielmehr wird (wenn es gelingt) das ganze Werk Gottes mit seiner Wurzel ausgerottet.

Wahrer Glaube zeigt sich in Dankbarkeit gegenüber unserem Schöpfer und in Wohltätigkeit gegenüber unseren Mitgeschöpfen.

So zieht nun an als die Auserwählten Gottes, als die Heiligen und Geliebten, herzliches Erbarmen, Freundlichkeit, Demut, Sanftmut, Geduld.

Über alles aber zieht an die Liebe, die da ist das Band der Vollkommenheit. Und der Friede Christi regiere in euren Herzen; und seid dankbar. Lasst das Wort Christi reichlich unter euch wohnen: Lehrt und ermahnt einander in aller Weisheit; mit Psalmen, Lobgesängen und geistlichen Liedern singt Gott dankbar in euren Herzen. Und alles, was ihr tut mit Worten oder mit Werken, das tut alles im Namen des Herrn Jesus und dankt Gott, dem Vater, durch ihn.
Kolosser 3,12–17 (Auswahl)

Gottes Reich

»Das Himmelreich« und »das Reich Gottes« sind nur zwei Ausdrücke für ein und dieselbe Sache. Sie bedeuten nicht nur ein zukünftiges glückseliges Leben im Himmel, sondern ein Dasein, dessen wir uns schon auf Erden erfreuen dürfen. Es ist damit eher die richtige Einstellung auf die himmlische Herrlichkeit gemeint als schon ihr Besitz.

*

Wer mit Christus im Himmel regieren will, muss ihn auf Erden in seinem Herzen regieren lassen.

Der Weg zum Himmel

Was ist der Inhalt der Lehre Jesu? Der Sohn Gottes, der vom Himmel kam, ist hier, um uns den Weg in den Himmel zu zeigen, den Ort, den er uns bereitet hat, die Herrlichkeit, die er vor Anbeginn der Welt besaß. Er lehrt uns den wahren Weg zum ewigen Leben, den königlichen Weg, der zum Reich Gottes führt. Das ist der einzige wahre Weg, andere gibt es nicht. Alle anderen Wege enden in der Zerstörung. Die Person des Verkünders gibt uns die Gewissheit, dass er den ganzen und vollkommenen Willen Gottes wiedergegeben hat. Er hat nicht ein Tüttelchen zuviel gesprochen – nur das, was er vom Vater empfangen hat – noch hat er zu wenig gesagt – er hat nicht gezögert, den ganzen Willen Gottes zu verkünden. Schon gar nicht hat er etwas Falsches gesagt oder etwas, das dem Willen Gottes, der ihn gesandt hat, widersprochen hätte. In allen Fragen sind seine Worte wahr und richtig und werden in Ewigkeit Bestand haben.

In wessen Herz Christus wohnt, der trägt den Himmel immer mit sich, ganz gleich an welchem Ort.

Charles Wesley

Es sei denn, dass jemand von neuem geboren werde, so kann er das Reich Gottes nicht sehen. Also hat Gott die Welt geliebt, dass er seinen eingeborenen Sohn gab, damit alle, die an ihn glauben, nicht verloren werden, sondern das ewige Leben haben.
Johannes 3, 3 und 16

Meine Seele erhebt den Herrn

Christsein bedeutet Heiligkeit und Glückseligkeit. Das Ebenbild Gottes, das einen von ihm geschaffenen Geist prägt, ist eine Quelle des Friedens und der Liebe, die in das ewige Leben mündet.

> Meine Seele erhebt den Herrn, und mein Geist freut sich Gottes, meines Heilandes; denn er hat die Niedrigkeit seiner Magd angesehen. Siehe, von nun an werden mich selig preisen alle Kindeskinder. Denn er hat große Dinge an mir getan, der da mächtig ist und dessen Name heilig ist. Und seine Barmherzigkeit währt von Geschlecht zu Geschlecht bei denen, die ihn fürchten. Er übt Gewalt mit seinem Arm und zerstreut, die hoffärtig sind in ihres Herzens Sinn. Er stößt die Gewaltigen vom Thron und erhebt die Niedrigen. Die Hungrigen füllt er mit Gütern und lässt die Reichen leer ausgehen. Er gedenkt der Barmherzigkeit und hilft seinem Diener Israel auf, wie er geredet hat zu unsern Vätern, Abraham und seinen Kindern in Ewigkeit.
> Lukas 1, 46–55

Himmel und Erde

Was ist Religion? Ich meine die Religion, wie die Bibel sie beschreibt. Alles andere ist vergebliche Träumerei. Was ist die eigentliche Wurzel dieser Religion? Es ist Immanuel, »Gott-mit-uns«, Gott in menschlicher Gestalt, der Himmel, verbunden mit der Erde, die unbegreifliche Vereinigung des Sterblichen mit dem Unsterblichen. Alle Christen können sagen: »Unsere Gemeinschaft ist mit dem Vater und mit seinem Sohn Jesus Christus. Gott hat uns das ewige Leben gegeben, und dieses Leben ist in seinem Sohn« (1. Joh. 1,3 + 1. Joh. 5,20).

Dieses Leben aus Gott entfaltet sich auf wunderbare Weise in die Gesamtheit der Religion, wobei ich wieder die Religion der Bibel meine. Sobald Gott im Herzen eines Sünders seinen Sohn offenbart, kann der sagen, »das Leben, das ich jetzt lebe, das lebe ich im Glauben an den Sohn Gottes, der mich geliebt hat und sich selbst für mich dahingegeben« (Gal. 2,20).

Er rühmt sich dann »der Hoffnung der zukünftigen Herrlichkeit« mit unaussprechlicher Freude. Und als Folge des Glaubens und der Hoffnung ist die Liebe Gottes in seinem Herzen ausgegossen (Röm. 5,2). Sie erfüllt seine Seele mit Liebe zu allen Menschen und ist so die Erfüllung des Gesetzes.

Wie wunderbar verbinden Glaube und Liebe Gott mit dem Menschen und die Zeit mit der Ewigkeit!

Liebe, komm herab zur Erde!
Die du nicht von dieser Welt,
mach, dass sie die deine werde,
schlage bei uns auf dein Zelt!
Liebe, komm, du heißt Erbarmen,
keine Schranke schränkt dich ein;
darum lass auch bei uns Armen
heute dein Erbarmen sein!

Noch ist unser Herz gefangen,
Angst und Trauer hält es fest,
aber es war dein Verlangen,
das uns Ruhe finden lässt.
Liebe, komm, komm und befreie
eilends uns aus aller Not,
schenk das Leben uns, das neue,
schenk das Leben ohne Tod!

Komm, o Gott, uns zur Erlösung,
schaffe unser Leben neu!
Komm und mache uns zur Wohnung
deines Geists in deiner Treu!
Herr, wir wollen für dich leben,
dienen dir bei Tag und Nacht,
loben dich auf allen Wegen,
Preis sei deiner Liebesmacht!

Dann vollende deine Werke,
lass uns rein und heilig sein!
Gib uns durch den Geist die Stärke,
dir zu dienen, dir allein!
Denn du gibst uns ja das Beste,
jeder von uns ist dein Kind.
Du lädst uns zu deinem Feste,
dass wir ewig bei dir sind.

Liebe, Freude, Frieden: Was Gott einmal gibt, will er immer geben.

Fürchtet euch nicht! Siehe ich verkündige euch große Freude, die allem Volk widerfahren wird; denn euch ist heute der Heiland geboren, welcher ist Christus, der Herr, in der Stadt Davids.

Ehre sei Gott in der Höhe und Friede auf Erden bei den Menschen seines Wohlgefallens.

Maria aber behielt alle diese Worte und bewegte sie in ihrem Herzen. Und die Hirten kehrten wieder um, priesen und lobten Gott für alles, was sie gesehen und gehört hatten.
Lukas 2, 10–11 + 14 + 19 + 20

Freude am Leben

Ich kann mir nicht vorstellen, dass Gott, als er uns in diese Welt sandte, unabänderlich beschlossen hat, es müsse uns in ihr dauernd schlecht gehen. Wäre es so, dann wäre das bloße Verlangen nach Fröhlichkeit in diesem Leben eine Sünde, da dies der wahren Bestimmung unseres Geschaffenseins entgegenliefe. Welchen Sinn sollten dann all die kleinen Annehmlichkeiten und Freuden des Lebens haben, wenn es die Absicht unseres Schöpfers wäre, dass wir sie niemals genießen sollten? Würde »das Kreuz aufnehmen« einschließen, dass wir aller Freude und Befriedigung Lebewohl sagen müssten, wie ließe sich das vereinbaren mit dem, was Salomo so ausdrücklich von der Weisheit des Glaubens sagt, dass ihre Wege nämlich Wege der Freundlichkeit und alle ihre Pfade Frieden sind?

Unaussprechliche Freude

Die Freude, die einen Christen ständig erfüllt, ist keine natürliche Freude. Sie entsteht nicht aus irgendeiner natürlichen Ursache, noch kommt sie von einer plötzlichen Gemütsbewegung. Dadurch mag sie vorübergehend aufflackern; aber ein Christ »freut sich allewege«. Sie kommt auch nicht aus körperlichem Wohlbefinden oder Behagen und auch nicht aus Stärke oder Gesundheit, denn sie ist gleich stark in Krankheit und Schmerz, ja zu diesen Zeiten vielleicht noch viel stärker. Viele Christen haben sonst nie eine Freude erlebt, die mit der Freude zu vergleichen wäre, die ihre Seele erfüllte, als der Körper von Schmerzen zermürbt oder von Krankheit fast verzehrt wurde. Am wenigsten hängt diese Freude von äußerem Wohlstand, von der Gunst der Menschen oder von weltlichen Gütern ab. Gottes Kinder haben sich gerade dann in ihm, »den sie liebten, ohne ihn zu sehen«, »mit unaussprechlicher Freude gefreut«, wenn ihr Glaube durch alle möglichen äußeren Bedrohungen wie im Feuer erprobt wurde. Es ging ihnen nicht um ihr Leben, sondern allein darum, ihren »Lauf mit Freuden zu vollenden«.

Das Ziel im Blick

Einem Ziel sollt ihr bis ans Ende der Zeit nachstreben: euch an Gott zu freuen in Zeit und Ewigkeit. Wünscht euch andere Dinge nur, sofern sie darauf gerichtet sind. Liebt das Geschaffene, denn es führt zum Schöpfer. Bei jedem Schritt, den ihr geht, soll dies herrliche Ziel eure Sicht bestimmen. Lasst dem alles Denken und Trachten, jedes Wort und Werk untergeordnet sein. Was immer ihr begehrt oder fürchtet, was immer ihr sucht oder meidet, was immer ihr denkt, sprecht oder tut: Es diene eurem Glück in Gott, dem einzigen Ziel und Ursprung eures Seins.

Im Dienst der Armen

In der Zeit um Neujahr verteilen wir gewöhnlich Kohlen und Brot unter den Armen. Aber es wird jetzt deutlich, dass sie dazu auch noch Kleidung brauchen. Deshalb bin ich an diesem und den vier folgenden Tagen durch die Stadt gegangen und habe zweihundert Pfund zusammengebettelt, um Kleidung zu besorgen für die, die sie am nötigsten brauchten. Aber das war harte Arbeit, denn die meisten Straßen waren voller Schneematsch, oft knöcheltief. Meine Füße steckten fast die ganze Zeit – vom Morgen bis zum Abend – im Schneewasser. Ich habe bis zum Samstag ganz gut durchgehalten. Dann aber musste ich mit einer ruhrartigen Erkrankung, die von Stunde zu Stunde schlimmer wurde, das Bett aufsuchen.

[John Wesley war zu diesem Zeitpunkt bereits 80 Jahre alt.]

Gebet

Gott, dem Vater, der uns zuerst geliebt und aus Gnade angenommen hat,
Gott, dem Sohn, der uns geliebt und uns von unseren Sünden reingewaschen hat,
Gott, dem Heiligen Geist, der die Liebe Gottes in unsere Herzen ausgegossen hat,
dem sei alle Liebe und Ehre,
jetzt und in alle Ewigkeit.
Amen.

Quellenangaben

Account:	A Plain Account of the People called Methodists, London 1786
Appeal:	An Earnest Appeal to Men of Reason and Religion, The Works of J.W., Zondervan Publishing House, Grand Rapids, Michigan
Character:	The Character of a Methodist, 1742
Collection:	A Collection of Hymns for the Use of The People Called Methodists, The Works of John Wesley, ed. Frank Baker, Abingdon Press, Nashville 1983, Bd. 7
Farther Appeal:	A Farther Appeal to Men of Reason and Religion, W. Strahan, Bristol 1745
Journal + Datum:	Journal and Diaries, The Works of John Wesley, ed. W. Reginald Ward & Richard P. Heitzenrater, Abingdon Press, Nashville (TN) 1988-1993, Bd. 18–22
(Gill:):	Quellenangabe nach: Frederick C. Gill, Through the Year with Wesley, Abingdon Press, Nashville (TN) 1954
(Jarboe:):	Quellenangabe nach: Betty M. Jarboe, Wesley Quotations, Excerpts from the Writings of J. W. and other

	Family Members, Scarecrow Press, Inc., Metuchen (NY) and London 1990
(Job:)	Quellenangabe nach: Reuben P. Job, A Wesleyan Spiritual Reader, Abingdon Press, Nashville (TN), 1997
Letters:	The Works of John Wesley, ed. Frank Baker (Oxford Edition), Clarendon Press Oxford, 1980ff, Letters, Bd. 25ff
Life	H. Moore, The Life of the Rev. John Wesley, John Kershaw, London 1825
LP:	John Wesley, Die 53 Lehrpredigten, Hrsg. im Auftrag des Europ. Rates der Evangelisch-methodistischen Kirche, Christliches Verlagshaus Stuttgart 1986–1992
Minutes:	Minutes of Some Late Conversations between the Rev. Mr. Wesley and Others (Conversations I–V, London, Bristol … 1744, to …) (= Konferenzgespräche)
Namen + Datum:	Letter to … at … (z.B. Thomas Broadbent, Jan 29, 1791)
Notes:	Explanatory Notes (up)on the New Testament, 1755
Nuelsen:	John L. Nuelsen, Kurzgefasste Geschichte des Methodismus, Bremen 1929, 2. Aufl.

Perfection:	A Plain Account of Christian Perfection, 1777
Physic:	Primitive Physic: or, An Easy and Natural Method of Curing most Deseases, 23rd edition, 1791
Prayers:	Frederick C. Gill, Prayers of John Wesley, The Epworth Press, London 1951
Sermon 130,14:	Die nur in englischen Ausgaben greifbaren Predigten John Wesleys ab Nr. 54
Songs:	Songs for the Poor. Hymns by Charles Wesley, revised edition, edited by S T Kimbrough Jr., GBG-Musik New York 1997
Thoughts:	Thoughts upon Methodism, London, 1786
(Whaling:)	Quellenangabe nach: Frank Whaling, John and Charles Wesley: Selected Prayers, Hymns, Journal Notes, Sermons, Letters and Treatises, Paulist Press, Mahwah (NJ) 1981
(Wood:)	Quellenangabe nach: Arthur Skevington Wood, Daily Readings with John Wesley, Springfield (IL) 1987
a:, b:, c:, d:	kennzeichnet die verschiedenen Textabschnitte auf einer Seite des Breviers, wenn sie aus verschiedenen Quellen zusammengestellt sind.

Januar

Titelblatt Januar a: nach Life S. 548, (Jarboe: Letters VIII S. 267. Wesley's Last Words, March 2, 1791); b: Prayers S. 72 / **1.** „O for a thousand tongues to sing", Collection #1 © dt. Hartmut Handt / **2.** Farther Appeal / **3.** a: Sermon 58, 15; b: Sermon 58, 5 / **4.** LP 29 S. 591f / **5.** a: Peard Dickinson, 1739; b: Miss Bishop, Sept 1, 1771; c: Mr. Marston, Worcester, Dec 14, 1770; d: Member of the Society (= Miss March), March 4,1760 / **6.** Sermon 94 / **7.** Überschr.: LP 29 S. 592; a: (Gill:) Sarah Mallet(t), 1788; b: (Jarboe:) Letters VIII S. 204; c: Charles Wesley, Journal II S. 196 / **8.** a: LP 9 S. 171; b: Life / **9.** Bishop Lavington, Nov 27, 1750 / **10.** a: (Gill:) Gemeinsch. in Keighley, 1779; b: Letters VII S. 233 / **11.** a: Samuel Furly, Oct 13, 1762; b: Miss Furly, Sept 25, 1757; c: Perfection, Query 38, 4 / **12.** a: Mrs. Hall, 1768; b: Sermon 89, VI.5 / **13.** Sermon 102, 9 / **14.** Physic, VI.1–5 / **15.** a: Sermon 132, 11.1, Apr 21, 1777; b: Thoughts 1 / **16.** a: (Jarboe:) Samuel Furly, March 10, 1763; b: Rev. John Fletcher, March 20, 1768; c: Sermon 105, I.19.8 / **17.** a: (Jarboe:) Sarah Mallet, Aug 2, 1788; b: Rev. Dr. Conyers Middleton, Jan 4, 1748–9; c: Sermon 123, I.1; d: Adam Clarke, Nov 9, 1787 / **18.** Editor of the »London Magazine«, 1765 / **19.** a: (Jarboe:) Officer of the Excise, Sept 1776; b: Life II. S. 434 (siehe Nuelsen S. 201f) / **20.** a: Sermon 90, I.2; b: Sermon 59, 4.4; c: Thomas Broadbent, Jan 29, 1791 / **21.** Journal Nov 1, 1762 (in Briefform) / **22.** Miss Furly, Dec 1, 1781 / **23.** a: Minutes, Query 37, 21.; b: Journal, March 31,1764 / **24.** A Friend (Rev. John Burton), Oct 10, 1735 / **25.** Letters I, Bd. 25, S. 446ff / **26.** Letters I, Bd. 25, S. 450f / **27.** Journal, Jan 24–29, 1738 / **28.** Journal, Sept 23, 1759 / **29.** Journal, Apr 24, 1752 / **30.** Member of the Society (= Miss March), Dec 10, 1777 / **31.** Prayers S. 31

Februar

Titelblatt: Rev. Dr. Rutherford, III.4, March 28, 1768 / **1.** „Jesus, the gift divine I know", Songs #11 © dt. Hartmut

Handt / **2.** Mrs. Howton, Oct 3, 1783 / **3.** Character 1 / **4.** a: Account; b: Character / **5.** Character / **6.** a: Character; b: Thomas Morell, 1790 / **7.** John Fletcher, 1766 / **8.** a: Character; b: Letter to Rev. J. Fletcher 1766 / **9.** a: Character, Preface = A Letter to the Lord Bishop of Gloucester; b: Journal, June 28, 1783 / **10.** Joseph Benson, Oct 5, 1770 / **11.** Sermon 70 / **12.** Sermon 70 / **13.** a: LP 37 S. 725; b: LP 37 S. 719 / **14.** a: LP 37 S. 719; b: Elizabeth Ritchie, Feb 24, 1786 / **15.** LP 32 S. 634 / **16.** a: Thomas Benson, Nov 7, 1768; b: Minutes / **17.** a: Richard Tompson, June 28, 1755; b: (Jarboe:) Joseph Benson, Jan 7, 1771 / **18.** Sermon 118 / **19.** Perfection / **20.** LP 19, S. 348 / **21.** Journal, May 25, 1738 / **22.** Sermon 85 / **23.** LP 1 S. 19 / **24.** a: Sermon 76; b: LP 1 S. 20 / **25.** Journal, Apr 24, 1747; b: Samuel Walker, Sept 3, 1756; c: (Jarboe:) Journal, Sept 4, 1749; Letter to Ebenezer Blackwell / **26.** Sermon 138, II.1 / **27.** Perfection Query 35 / **28.** LP 45, S. 864 / **29.** Prayers S. 61

März

Titelblatt: Miss Furly, Apr 13, 1758 / **1.** „Maker, in whom we live", To the Trinity, Hymns for those that seek, 1747 © dt. Lothar Pöll / **2.** LP 16 S. 292 / **3.** Samuel Sparrow, Oct 9, 1773 / **4.** LP Vorwort S. 14 / **5.** LP Vorwort S. 14f / **6.** LP 12 S. 217 / **7.** a: LP 37 S. 719f; b: Member of the Society (= Miss March), June 17, 1761 / **8.** LP 16 S. 298 / **9.** LP 25 S. 483 / **10.** a: Samuel Sparrow, Esq., Oct 9, 1773; b: Minutes, Query 35 (1); c: Remarks on Mr. H.'s Account of Gentoo Religion in Hindostan, 15, first publ. in »Lloyd's Evening Post,« Nov 30, 1774 / **11.** a: Sermon 74, 12; b: LP 37 S. 725 / **12.** Gemeinsch. in Bristol, 1764 / **13.** Sermon 101, I.5 / **14.** Sermon 101, I.3 / **15.** LP 27 S. 528 / **16.** LP 27 S. 533 / **17.** a: LP 27 S. 528; b: LP 27 S. 535 / **18.** (Jarboe:) Societies at Bristol, Oct 1764 / **19.** LP 46 S. 884 / **20.** (Jarboe:) Mrs. Moon, March 2, 1773 / **21.** a: A Word to a Sabbath-Breaker; b: Prayers S. 88 / **22.** a: Minutes; b: A Friend, Sept 20, 1757 / **23.** Einl. Select Hymns, 1761 /

24. Sermon 57, 1 / **25.** a: Character, 7; b: Zechariah Yewdall, July 24, 1780 / **26.** a: (Wood); b: Letters VII 25, 8 / **27.** (Jarboe:) Ann Bolton, Feb 23, 1788 / **28.** a: Jane Hilton, Dec 18, 1772; b: A Roman Catholic 13, Jan 24, 1748–9 / **29.** a: Journal, Nov 8, 1764; b: Miss Furly, June 11, 1757 / **30.** Journal, Apr 17, 1737 / **31.** Prayers 41

April

Titelblatt (Gill:) 151, To S. Badburn 1787 / **1.** „Come, sinners, to the Gospel feast, Collection #89 © dt. Ulrike Voigt / **2.** (Gill:) R. C. Brackenbury, 1783? / **3.** (Whaling:) S. 134 / **4.** (Whaling:) S. 135f / **5.** (Whaling:) 135f Covenant Service / **6.** (Whaling:) S. 136 / **7.** (Whaling:) S. 139 / **8.** (Whaling:) S. 138 / **9.** (Whaling:) S. 140 / **10.** LP 33 S. 654 / **11.** LP 12 S. 226 / **12.** LP 1 S. 21f / **13.** „Christ, the Lord, is risen today", Hymns for Easterday, Hymns and Sacred Poems, 1739 dt. Siegfried Soberger/ Gotthilf Hunziker © Verlag Singende Gemeinde Wuppertal / **14.** a: Letter to William Qogan, March 28, 1737; b: LP 22 S. 422 / **16.** a: Sermon 67, 50; b: Samuel Furly, Feb 21,1756 / **17.** LP 37 S. 719f / **18.** a: Joseph Benson, Nov 30, 1770; b: Sermon 68, 4 / **19.** LP 50 S. 958, 963, 966 / **20.** LP 50 S. 958 / **21.** LP 50 S. 959 / **22.** a: LP 50 S. 960 / **23.** LP 50 S. 962 / **24.** LP 50 S. 962f / **25.** LP 50 S. 963; b: Sermon 126, I / **26.** LP 50 S. 966 / **27.** (Gill:) Societies at Bristol, 1764 / **28.** a: LP 28 S. 565; b: Sermon 94,17; c: Sermon 132, XI.1; d: Sermon 132, II.1 / **29.** a: Appeal VIII 17; b: Mary Bishop, Dec 26, 1776 (or March 15, 1777) / **30.** Prayers S. 59

Mai

Titelblatt: Miss Bishop, Feb 16, 1771 / **1.** „Rejoice, the Lord is King", Hymns for our Lord's Resurrection, 1746 dt. Karmel Kohler © Verlag Singende Gemeinde Wuppertal / **2.** Conversation with the Bishop of Bristol, 1739 / **3.** LP 12 S. (222–) 223 / **4.** Farther Appeal Part I, 6 / **5.** LP 11 S. 197f / **6.** a: LP 11 S. 208; b: LP 11 S. 202 / **7.** LP 10 S. 183 /

8. LP 11 S. 210f / **9.** A Treatise on Baptism II.5 / **10.** Gilbert Boyce, Baptist Minister, 1750 / **11.** LP 24 S. 459f / **12.** (Gill:) S.169 / **13.** a: Letter to Gilbert Boyce, May 22,1750, Bd. 25, S. 424; b: (Jarboe:) S. 117 / **14.** LP 39 S. 753f / **15.** Journal, May 18, 1788 / **16.** Sermon 55, 8.17, Cork, May 8, 1775 / **17.** Sermon 111, I.1–2 / **18.** Character 1 / **19.** a: LP 39 S. 754; b: Character 18 / **20.** LP 20 S. 362 / **21.** a: LP 39 S. 752; b: Sermon 104, 33 / **22.** a: LP 20 S. 365f; b: LP 20 S. 376 / **23.** Journal, March 4ff, 1738 / **24.** Journal, May 24, 1738, Abschnitt14–15 / **25.** Letters Bd. 26, S. 172 / **26.** a: LP 37 S. 724f; b: Account V, 1748; c: Sermon 130, 14 / **27.** Right Rev. the Lord Bishop of London, IV.19 / **28.** LP 19 S. 350 / **29.** a: LP 39 S. 750; b: Lady Maxwell, Feb 8, 1772 / **30.** a: Character 18; b: (Gill:) Samuel Wesley, 1790 / **31.** (Gill:) Samuel Wesley, 1790 / **31.** Prayers for Families, J.W. Works, Zondervan XI, S. 245f

Juni

Titelblatt LP 5 S. 98 / **1.** „And can it be that I should gain", Collection #193 © dt. Christoph Klaiber / **2.** (Jarboe:) Sermon 102, 3, S. 448 / **3.** a: LP 1 S. 22; b: Sermon 114,16 / **4.** (Gill:) Richard Morgan, 1734 / **5.** Rev. Dr. Middleton, VI, Section 2, 5, Jan 4, 1748–49 / **6.** LP 1 S. 21 / **7.** Character 4 / **8.** Journal, Jan 29, 1738 / **9.** a: Sermon 62, III.5; b: LP 36 S. 701 f / **10.** Sermon 98, 11.6, 1786 / **11.** a: Ebenezer Blackwell, Aug 31, 1755; b: Arthur Keene, 1784 / **12.** a: Directions Concerning Pronunciation and Gesture, Section I, 3 (7); b: Farther Appeal Part II, III.5 / **13.** John Smith, II.6, Sept 28, 1745 / **14.** a: Miss Bishop, Sept 1, 1771 (Anders Jarboe: Mrs. Cousins, Nov 1, 1778); b: LP 53 S. 1034; c: John King, July 28, 1775 / **15.** LP 42 S. 821 f / **16.** Sermon 108, II.12, 1788 / **17.** a: LP 17 S. 320; b: Sermon 77, I.3; c: LP 23 S. 436 / **18.** John Smith 7, June 25, 1746 / **19.** Account II.9 / **20.** b: Large Minutes, Query 3 / **21.** Journal, June 11,1739 (mit Extrakt eines Briefes an James Hervey) / **22.** Thoughts 2 / 23.–29.

The Nature, Design, and General Rules of the United Societies in London, Bristol, Kingswood, Newcastle-Upon-Tyne, &c. / **23.** General Rules 3 / **24.** General Rules 4 / **25.** General Rules 4 / **26.** General Rules 4 / **27.** General Rules 5 / **28.** General Rules 5 / **29.** General Rules 6–7 / **30.** Prayers S. 55

Juli

Titelblatt: LP 29 S. 581 / **1.** „O God, who knowest the things we need", Songs #6 © dt. Hartmut Handt / **2.** Sermon 68, 4 / **3.** Appeal III.21 / **4.** a: (Jarboe:) Mary Pendarves, Aug 12, 1731; b: LP S. 400; c: Elizabeth Bennis, of Limerick, July 20, 1771 / **5.** a: Appeal 2; b: LP 22 S. 416 / **6.** Member of the Society (= Miss March), June 17, 1774 / **7.** Sermon 128, 2 / **8.** (Gill:) Dr. Wrangel, 1770 / **9.** John Smith, March 6, 1748 / **10.** Perfection 13 / **11.** Perfection 13 / **12.** Sermon 85, II.1 / **13.** LP 45 S. 865f / **14.** LP 13 S. 235f / **15.** Sermon 62, III.2+3+5 / **16.** Journal, June 11, 1739 (Letter to a Friend...) / **17.** a: (Gill:) Joseph Benson, 1777; b: Reasons against Separation from the Church of England, 3 (1758) / **18.** Sermon 132, II.17 / **19.** LP 24 S. 465f / **20.** a: LP 24 S. 466f; b: (Gill:) R. C. Brackenbury, 1783 (?) / **21.** a: Large Minutes, Query 26 (11); b: Large Minutes, Query 13,2"5.4; c: Advice to the People called Methodists 1745 / **22.** Sermon 94, III.9 / **23.** a: Member of the Society, Feb 7, 1776; b: (Gill:) James Rea, 1766; c: Miss NN 1759, Feb 21, 1759 / **24.** a: Minutes, Query 17; b: Sermon 104, 30–31 / **25.** a: (Gill:) Mr. Johnston, 1777; b: Thomas Rankin, May 19, 1775 / **26.** a: Journal, Aug 28, 1748; b: (Gill:) Minutes of Conversations 1744; c: Perfection 104 / **27.** a: LP Vorwort S. 13; b: (Gill:) John Cricret, Feb 1, 1783 / **28.** Rev. Samuel Furly, July 15, 1764 / **29.** a: Mary Bishop, Sept 1, 1771; b: Thoughts upon Some Late Occurences 8 (1785); c: Miss Bishop, Feb 16, 1771, und Miss Furly (= Mrs. Downes), Apr 13, 1758 / **30.** a: Large Minutes, Query 8 (1744); b: (Jarboe:) Alexander Mather, Aug 6, 1777 / **31.** Prayers S. 95

August

Titelblatt: Notes: 1 Thess 5:16 (= deutsche Bibel 5,17) / **1.** „Give me the faith which can remove", Collection #421 dt. Christoph Klaiber © Verlag Singende Gemeinde Wuppertal / **2.** Account Query 38 (3) / **3.** a: LP 13 S. 245f; b: Sermon 125, 15 / **4.** a: LP 14 S. 252f; b: Joseph Cownley, Apr 12, 1750 / **5.** a: Perfection 25 Query 9 (1766); b: (Jarboe:) Samuel Wesley, Sen., Dec 10, 1734 / **6.** LP 22 S. 408 / **7.** a: (Gill:) Conscience; b: Miss March, May 30, 1776 / **8.** a: Member of the Society (= Miss March), Dec 27, 1774; b: (Jarboe 141:) Letter to S. Furly, Jan 25, 1762 / **9.** Sermon 100, II.4; b: (Gill:) Lady Maxwell, June 4, 1767 / **10.** a: Member of the Society (= Miss March), Apr 14, 1771; b: Member of the Society (= Miss March), Sept 15, 1770; c: (Gill:) To Miss March, 1770–2; d: (Gill:) To Miss March, 1770–2; e: LP 37 S. 725 / **11.** Perfection 25, Query 32 / **12.** Prayers S. 74f / **13.** (Jarboe:) Mary Bosanquet (= Mrs. Fletcher), Jan 2, 1770 / **14.** LP 29 S. 583f / **15.** LP 29 S. 584 / **16.** LP 29 S. 591 / **17.** LP 42 S. 813 / **18.** Account II.1 / **19.** Account 25, Query 38 (6.); b: Sermon 97, III.12 / **20.** Sermon 105, I.16 / **21.** a: (Gill:) Minutes; b: (Gill:) The Duties of Husbands and Wifes / **22.** a: Jane Hilton (= Mrs. Barton), July 1,1768; b: Miss Briggs, Apr 1,1771 / **23.** (Jarboe:) Notes: 1Pet 4,7 / **24.** a: (Jarboe:) Notes: Mt 6,8; b: J. Valton, June 30, 1764 / **25.** a: LP 26 S. 509; b: Jane Hilton (= Mrs. Barton), Nov 5, 1770 / **26.** LP 26 S. 514f / **27.** LP 26 S. 517 / **28.** LP 26 S. 518f / **29.** a: Perfection 2, Query 38 (5); b: Physic, Preface 15 / **30.** a: LP 45 S. 865; b: Prayers S. 88 / **31.** Prayers S. 68

September

Titelblatt: Journal, June 13,1742 / **1.** „Come, thou holy God and true", Hymns and Sacred Poems, 1749 © dt. Hartmut Handt / **2.** LP 24 S. 459 / **3.** (Gill:) Dr. Middleton, Jan 4,1748–9, Section 1,1 (vgl. LP 23 S. 440f) / **4.** a: LP 36 S. 705 f; b: Journal, Nov 24, 1760 / **5.** Journal,

Oct 15, 1759 / **6.** LP 18 S. 339f / **7.** a: LP 14 S. 253; b: Robert Carr Brackenbury, Esq., Oct 20, 1787 / **8.** Sermon 100, II.1+3 / **9.** LP 14, S. 254f / **10.** (Gill:) Evil Angels / **11.** LP 33 S. 654f / **12.** a: Minutes; b: Charles Wesley, Nov 3, 1775 / **13.** Young Disciple, June 20,1772 / **14.** LP 49 S. 937 / **15.** LP 49, S. 947 / **16.** Sermon 100, II.8 / **17.** a: Thoughts upon Slavery, IV.7; b: Minutes 21; c: (Jarboe:) Societies at Bristol, Oct 1764 / **18.** a: The Doctrine of Original Sin, II.10; b: (Jarboe:) Isaac Twycross, March 17, 1774 / **19.** Thoughts Concerning the Origin of Power 11–13 / **20.** Sermon 102, 16. / **21.** a: (Gill:) Thoughts upon Liberty; b: Thoughts upon Slavery V.6 / **22.** (Gill:) Dr. Wrangel, 1770 / **23.** a: LP 50 S. 957; b: Rev. Freeborn Garretson, June 16, 1785 / **24.** Sermon 88, 16 / **25.** George Whitefield, Feb 21, 1770 / **26.** LP 1 S. 20 / **27.** LP 6 S. 121 / **28.** a: Walter Churchey, of Brecon, Feb 21, 1771; b: (Jarboe:) Mrs. Rose, 1780; c: (Jarboe:) Isaac Andrews, Jan 4, 1784 (oder: Theophilus Lessey, ohne Datum) / **29.** a: Sermon 123, II.4; b: Perfection, 1766; c: Farther Appeal, Part I, I.3 / **30.** Prayers S. 60f

Oktober

Titelblatt: LP 50 S. 962f / **1.** „Jesu, united by thy grace" Collection #490 © dt. Hartmut Handt / **2.** John Smith, 9, June 25, 1746 = LP 36 S. 701f / **3.** The Principles of a Methodist 12 (2)+(3) / **4.** The Principles of a Methodist 12 (4)–(6) / **5.** Perfection 25. Question 33 / **6.** Perfection 25. Question 33 / **7.** a: Perfection 25. Question 38 (8); b: Sermon 98, II.6; c: Miss Bishop, Sept 1, 1771 / **8.** a: Miss H… Dublin, Apr 5, 1758; b: Perfection 25. Question 38 (6) / **9.** a: Farther Appeal Part III, IV.10; b: Journal, March 8, 1762; c: Farther Appeal Part II, III.20 / **10.** a: LP 38 S. 732; b: Sermon 57, II.2; c: Member of the Society (= Miss March), Dec 27, 1774 / **11.** LP 11 S. 210f / **12.** a: LP 21 S. 394f; b: Prayers S. 28, / **13.** LP 24 S. 475 / **14.** a + c: Sermon 94, II.2; b: (Gill: 1. Mai); d: Sermon 95, 20 / **16.** Sermon 94, III.6 / **17.** a: Sermon 94, III.16.;

b: LP 28 S. 566 / **18.** Sermon 98, III.6 / **19.** Sermon 95, 13 / **20.** Sermon 94,III.1 / **21.** Sermon 94, III.9 / **22.** (Gill:) The Duties of Husbands and Wives / **23.** Free Thoughts on the Present State of Public Affairs (In a Letter to a Friend, 1766) / **24.** a: Advice to the Methodists with Regard to Dress, I.4; b: Lady..., June 19, 1771 / **25.** LP 51 S. 974 / **26.** a: Thoughts on the Present Scarcity of Provisions I.1; b: Sermon 98, I.3 / **27.** a: LP 14 S. 253f; b: Sermon 87, II.10 / **28.** LP 28 S. 557f / **29.** LP 28, S. 558f / **30.** a: LP 28 S. 567; b: The Doctrine of Original Sin II.11 / **31.** Prayers S. 65

November

Titelblatt: (Jarboe:) Ann Bolton, Feb 23, 1788 / **1.** „Still for thy loving-kindness, Lord", Collection #89 © dt. Hartmut Handt / **2.** Member of the Society (= Miss March), Oct 13, 1765 / **3.** a: (Jarboe:) Mrs. Woodhouse, Jan 1, 1770; b: Sermon 59 / **4.** Überschr.: Miss Furly (= Mrs. Downes), Apr 13, 1758; c: Miss Furly (= Mrs. Downes), Apr 13, 1758; d: Ebenezer Blackwell, Apr 29, 1755; e: Miss Jane Hilton (= Mrs. Barton), Aug 20, 1768 / **5.** Journal, July 12, 1739 / **6.** a: Member of the Society (= Miss March), June 27, 1760; b: (Jarboe:) Letters VI, 30; c: (Gill:) The Duties of Husbands and Wives / **7.** a: (Gill:) Mary Bishop, 1770; b: LP 17 S. 318 / **8.** Member of the Society (= Miss March), Aug 12, 1769 / **9.** LP 51 S. 977 / **10.** a: Miss Bishop, Apr 17, 1776; b: Letter to Mrs. Elizabeth Bennis, of Limerick, Dublin, July 20, 1771 / **11.** Journal, Feb 28, 1763 / **12.** Kitty Warren, Aug 26,1779 / **13.** a: Sermon 109, 15.; b: Miss Furly, June 1, 1760; c: Journal, June 28, 1783 / **14.** a: (Jarboe:) Journal, Sept 4, 1749; Ebenezer Blackwell; b: (Gill:) John Ogilvy, 1786; c: Damans Perronet, March 30, 1771; / **15.** Journal, Nov 26, 1753 / **16.** nach Life / **17.** Prayers S. 24f / **18.** Prayers S. 61 / **19.** Prayers S. 39f / **20.** Prayers S. 59 + 76 / **21.** Prayers S. 77 / **22.** Prayers S. 82 / **23.** Prayers S. 89 + 96 / **24.** Joseph Benson, Apr 2, 1781 / **25.** a: Minutes IV, Query 10; b: The Principles of a Methodist 29.1 / **26.** a: Theophilus Lessey, Jan 1787; b: John Smith (= Dr. Thomas Seeker), Sept 28, 1745 / **27.** LP 35 S. 690 / **28.** Journal, Sept 13, 1739 / **29.** Sermon 86 II.10 (5) / **30.** Prayers S. 29

Dezember

Titelblatt: Augustus Montague Toplady, Dec 9, 1758 / **1.** „Come, thou long-expected Jesus", Hymns for the Nativity of our Lord, 1744, dt. Johann Christoph Hampe/Lothar Pöll/Christoph Klaiber © Übersetzer und Verlag Singende Gemeinde Wuppertal / **2.** (Jarboe:) William Wogan, March 28, 1737 / **3.** a: (Jarboe:) William Wogan, March 28, 1737; b: Member of the Society (= Miss March), Apr 26, 1777 / **4.** Robert Carr Brackenbury, Esq., Nov 7, 1788 / **5.** LP 25 S. 483 / **6.** a: Rev. Dr. Rutherford III.4, March 28, 1768; b: Sermon 55, 1; c: (Jarboe:) His niece, Sarah Wesley, Sept 8, 1781 / **7.** (Gill:) Thomas Church, 1746 / **8.** (Jarboe:) Charles Wesley, Aug 10, 1775 / **9.** LP 24 S. 469 / **10.** Perfection 25, Query 33 / **11.** Sermon 92, II.5 / **12.** a: LP 22 S. 424; b: Sermon 87, II.13 / **13.** a: (Jarboe:) Notes: 1 Jn 4:19 (1755); b: Sermon 102, 11 / **14.** LP 28 S. 565f / **15.** Perfection, Query 38, 4 / **16.** LP 23 S. 440f / **17.** LP 20 S. 361f / **18.** LP 42 S. 814 / **19.** Sermon 114, 16 / **20.** a: (Jarboe:) Notes: Mt 3:2; b: Thoughts upon God's Sovereignty, 1 / **21.** LP 21 S. 384 / **22.** (Jarboe:) Charles Wesley, Letter to his daughter, Sarah Wesley, July 17, 1783 / **23.** Rev. Dr. Conyers Middleton, Section II.12, Jan 4, 1749 / **24.** Sermon 121, 15+17+18 / **25.** „Love divine, all loves excelling", Collection #374 © Johann Christoph Hampe (Str. 1+2), Lothar Pöll (Str. 3), Verlag Singende Gemeinde Wuppertal (Str. 4) / **26.** (Jarboe:) Augustus Montague Toplady, Dec 9, 1758 / **27.** (Gill:) J. Wesley's Mother, 1725 / **28.** LP 12, S. 224f / **29.** LP 17 S. 320 / **30.** Journal, Jan 4, 1785 / **31.** Prayers S. 48

Die Herausgeber und Übersetzer

Falk, Gotthard
geb. 1932 in Zschorlau (Erzgebirge). Diplom-Theologe, Pastor der Evangelisch-methodistischen Kirche in Ostdeutschland; 1961 bis 1976 Dozent für Neues Testament, Katechetik und Geschichte des Methodismus sowie 1972 bis 1976 Direktor am Theologischen Seminar der EmK in der DDR in Bad Klosterlausnitz, Thüringen. Ab 1973 Mitarbeit an den Evangelischen Predigtmeditationen in der DDR und in verschiedenen internationalen Gremien methodistischer Kirchen, 1988 bis 1992 Vorsitzender des Rechtsrats der EmK in Ostdeutschland. Verheiratet, zwei erwachsene Kinder, lebt in Zschorlau.

Gebhart, Robert
geb. 1932 in Zentral-Florida. Studium an der University of Miami (B. A.) und der Southern Methodist University, Dallas (Mag. Theol.). 1958–1964 Pastor der Evangelisch-methodistischen Kirche in Österreich, 1964–1974 Mitarbeiter im Bischofssekretariat in Zürich, 1974–1984 Pastor der EmK in Adliswil, 1984–1994 Pfarrer der Evgl.-Reformierten Kirche in Zürich-Fluntern. Diverse Übersetzungsarbeiten, Mitarbeit an der EmK-Liturgie (Schweiz) 1981. Gest. im November 2012.

Hampe, Johann Christoph
geb. 1913 in Breslau, zunächst Buchhändler, dann Theologiestudium, Pastor in Bremen, 1953–1962 Redakteur beim Deutschen Allgemeinen Sonntags-

blatt, 1962–1965 Beobachter beim 2. Vatikanischen Konzil in Rom, Lyriker, freier Schriftsteller, bezeichnend für seine Werke sind sein seelsorgerliches Engagement und seine ökumenische Gesinnung. Gest. 1991 in Hohenschäftlarn bei München.

Handt, Hartmut
geb. 1940 in Wuppertal. Dipl.-Theologe, Pastor der Evgl.-meth. Kirche in USA und Westdeutschland, 1979–1997 Bundeswart im Christl. Sängerbund, 1998–2005 Leiter der Privatfunkagentur Radio m in Stuttgart. 1984–2005 Beauftragter für Kirchenmusik und 1992–1996 für Agende der EmK, geschäftsführender Vorsitzender und Redaktionsleiter für das Gesangbuch 2002 der EmK, Herausgeber von Liederbüchern und Chormusik, Autor und Übersetzer von Liedtexten, Gedichten, Geschichten, Texten zum gottesdienstlichen Gebrauch, Mitarbeiter des Kirchentages seit 1983, Mitglied der Präsidialversammlung 1992–2001 sowie der Autorengruppen TAKT und Global Praise, Übersetzer. Verheiratet, drei Kinder, lebt in Köln.

Hunziker, Gotthilf
geb. 1930 in Baden (Schweiz). Lehrer, ab 1960 als Journalist tätig, im Nebenamt Organist und Chorleiter, gest. 2002.

Klaiber, Annegret
geb. Kaiser, 1938 in Tübingen geboren, erlebte dort ihre Kindheit und Schulzeit sowie den größten Teil ihres Medizinstudiums. 1964–1966 absolvierte sie ihre Zeit als Medizinalassistentin, wurde 1966 als Ärztin approbiert und zur Dr. med. promoviert. 1965 hei-

ratete sie Walter Klaiber; zwischen 1967 und 1974 Geburt von drei Kindern. Sie war in ihrem erlernten Beruf (meist teilzeitlich) in Allgemeinpraxen, als Lehrbeauftragte in medizinischen Fächern und in der Suchttherapie tätig. In der Evangelisch-methodistischen Kirche engagierte sie sich durch die Mitarbeit in Gremien, durch eine umfangreiche Vortragstätigkeit und in der örtlichen Gemeinde. Sie lebt im Ruhestand mit ihrem Mann in Tübingen und singt und textet immer noch gern.

Klaiber, Christoph

geb. 1967, Studium an der Universität Tübingen und der Theologischen Hochschule Reutlingen, Diplom-Theologe, Pastor der Evangelisch-methodistischen Kirche seit 1994 in Ludwigsburg, Backnang/Cottenweiler und Pfullingen. Landesvorsitzender des Christlichen Sängerbunds Landesverband Süd seit 2001. Arbeitsschwerpunkte: Musikalische Projekte, Jugendarbeit, Methodismusforschung. Verfasser und Übersetzer von Liedtexten, Musicals und theologischen Studien. Verheiratet, vier Kinder, lebt in Pfullingen.

Kohler, Karmel

geb. 1915 in Essen, erlernte den Beruf des Schriftsetzers in der St. Johannis Druckerei in Lahr (Baden). 1939 begann er eine Tätigkeit als Redakteur im Verlag des Neukirchener Erziehungsvereins in Neukirchen-Vluyn am Niederrhein, die bald allerdings durch Krieg und Kriegsgefangenschaft unterbrochen wurde. 1952 wurde er hauptberuflich Schriftleiter des Neukirchener Kalenders und von 1974 bis 1980 dessen Mitherausgeber. Karmel Kohler starb 2007 in Hemkenrode bei Braunschweig.

Mohr, Karsten W.

geb. 1948 in Essen. Bankkaufmann, Studium der Theologie in Frankfurt, Reutlingen und Tübingen. Pastor der Evangelisch-methodistischen Kirche in verschiedenen Gemeinden in Nordrhein-Westfalen und Hamburg, Leiter des Kinder- und Jugendwerkes der EmK in Norddeutschland, Superintendent, Vorstand der Diakoniewerke Bethanien Frankfurt und Hamburg, Mitarbeit in verschiedenen internationalen Gremien der EmK, jahrzehntelange Mitarbeit in diversen ökumenischen Gremien; verheiratet, drei erwachsene Kinder, lebt in Hamburg.

Pöll, Lothar

geb. 1951 in Wien. Studium an der Theol. Hochschule der EmK in Reutlingen. Seit 1977 Pastor in Salzburg, Linz, Ried/I, St. Pölten und Wien. Zahlreiche Aufgaben in der EmK und in der Ökumene, Übersetzer und Mitherausgeber der „Standard Sermons", als Vertreter der österreichischen EmK Mitglied der Gesangbuchkommission für das Gesangbuch 2002. Übersetzer von Liedtexten aus dem englischsprachigen Raum, besonders von Charles Wesley. Mit seinen ersten Wesley-Übersetzungen 1984 stieß er eine Art Renaissance dieser Texte im deutschsprachigen Raum an. Seit 1984 Mitglied des Kirchenvorstandes und seit 2001 Superintendent der EmK in Österreich. Ratsmitglied der Gemeinschaft Evangelischer Kirchen in Europa. Verheiratet, lebt in Wien.

Robbe, Helmut
geboren 1934 in Wilhelmshaven, Pastor der Evangelisch-methodistischen Kirche in Hamburg, Kassel, Velbert, Dortmund, Berlin und Großbritannien (London 1974 bis 1982); Übersetzer (Texte und Dokumente aus dem Bereich der Methodistischen Kirche in den USA und Großbritannien), 1965 bis1983 Mitverantwortlicher in der Leitung für das Projekt „Internationaler Diakonischer Jugendeinsatz". Verheiratet, lebt in Oldenburg i. O.

Soberger, Siegfried
geb. 1924 in Wanne (heute Herne-Wanne, Nordhein-Westfalen), Pastor der EmK in Wolfsburg, Hannover, Dortmund und Oldenburg, Sänger, lebt in Lemgo (Westfalen).

Voigt, Ulrike
geb. 1963 in Stuttgart, Studium der Germanistik, Anglistik und der Evangelischen Theologie in Tübingen, Bamberg und München, Promotion zur Dr. phil. an der Ludwig-Maximilians-Universität in München, arbeitet als freie Verlagslektorin, Herausgeberin und Autorin (u. a. von biographisch-kirchengeschichtlichen Themen, Anthologien). Laienpredigerin der Evangelisch-methodistischen Kirche, singt in einem Ökumenischen Chor und ist für die EmK u. a. Mitglied im Beirat der Württembergischen Bibelgesellschaft. Verheiratet, ein Kind, lebt in Stuttgart.

Schlagwortverzeichnis

S

T

U

V

W

X,Y

Z